天下文化
BELIEVE IN READING

教育教養 BEP034A

賽局教養法

讓孩子學會雙贏

保羅・雷伯恩（Paul Raeburn）、凱文・佐曼（Kevin Zollman）著
王怡棻 譯

The Game Theorist's Guide to Parenting

How the Science of Strategic Thinking Can Help You Deal With the Toughest Negotiators You Know—Your Kids

推薦序

多想一步，教養就可大省力

彭菊仙

關於孩子的管教，每次受邀演講時，我一定會建議父母們要學學諸葛亮，凡事多想幾步棋！諸葛亮預想四步棋，但爸媽其實只要多想一步，管教就可大省力！

每個孩子的個性截然不同，處事風格大異其趣，父母若能先沙盤推演孩子可能有的反應、會採取的行動，特別是可能惹的麻煩，預先擬定策略，絕對可以避免讓孩子走到「麻煩製造者」（trouble maker）這步劫難棋路。

這正是這本書要提點父母的：用智慧當個「策略型父母」！而這本書非常有創意的以種種賽局理論做為父母的智庫！

賽局理論原本是讓參與博弈的各方為達到自身的利益，必須考慮對手可能的行動方案，並力圖選取對自己最有利或最合理的方案。這是一個彼此盤算、推敲的「鬥智」過程。

難道教養如同博弈？親子之間還要一來一往攻防戰？教養三小子的經驗，我的答案是肯定的！因為只要是人，只會嫌利益不夠；只要是孩子，都會大喊樂趣太少，責任太多；自由太少，限制太多！

如果不動動腦筋想辦法，教養一定變成雞飛狗跳大亂鬥！特別是家裡有兩個以上的孩子，光是天天搞定「公平」二字，就讓父母筋疲力竭。我家三小子從點心的分配、家事的分派，到誰先去洗澡，在在都要求公平。

但也正如本書作者所說的，賽局理論用在教育教養上，「不是為了讓大人成為贏家、孩子淪為輸家，而是給大人矯正孩子行為或引導孩子思考的機會，更重要的是讓大人、小孩都受益。」

創造最打動人心的公平

今天我就用了本書提供的「拍賣家事」策略。因為三小子都不想第一個去洗澡，我就把「最後去洗澡」當成一件「寶物」拍賣給三小子，而且採用作者提供的妙招，孩子必須用「家事」來競標。

沒想到，才一公布「底標」是洗明晚全家的碗盤，三小子就全數退場，馬上改弦更張搶「第一個洗澡」！我心裡暗爽，這招果真好用！只是，我似乎不夠高明，把底標開得太高了！

關於「公平」，不僅得要求量的公平，更要關切是否人人都滿意，不因硬求表面的公平而犧牲「質」的適當與品質，這就是本書所提「帕雷托最優」理論，要達到這個境界，才算真正「有意義」的公平。我若送給三小子一模一樣的禮物，不見得是最明智的方案，針對他們的脾胃來挑選，投其所好，恐怕才是「最打動人心的公平」！

三小子最讓我感到欣慰的是，三人在日常生活中，「合作」的頻率往往大於「爭吵」，對照本書，我找到相應的理論——囚徒困境。

關於此理論的來由，讀者可以閱讀本書的有趣描述，而它的核心概念是：**孩子從「合作」中能感受「力與力的碰撞」不只「相加」，更是「相乘」，因此「一旦開始合作，日後便會更常合作」**。從小，我鼓勵三小子一起共玩、共學、共遊、共做，這造就出三人愈來愈熱中於彼此合作，感情也愈來愈好！

再配合「以牙還牙」理論——你對我不仁，我也絕難對你有義；這次你伸出援手，下次我也會助你一臂之力。三小子在日常互動中深深體悟此理，因此每當產生利益糾葛，大多懂得以「利他精神」來回應對方，因為「利他」就是「利己」，能達到雙贏。

本書還提出其他很多有趣的賽局理論，如「你切我選」、「最後通牒」、「奈許均衡」、「新版別急著吃棉花糖」等，不同理論可以用在不同的教養情境，竟然就可以對付孩子說謊、教會孩子為自己負責、看重自己的責任。

人生無處不是賽局，處事要有智慧與謀略，教養也不例外，這本書無疑的教會父母使用腦力而非蠻力，同時讓教養之道充滿創意且饒富趣味！

（作者為擁有三個壯丁的親子作家）

推薦序

善用心理學，聰明化解手足衝突

楊俐容

家裡兩個女兒相差七歲，許多人難免會問：「為什麼要隔這麼久？」我常開玩笑的回答：「因為工作上經常在處理別人家的手足紛爭，就算不難解決，回到家可完全不想面對類似的問題。」

在我早年的親職教育工作中，兄弟姊妹衝突不斷的確長期穩居父母困擾排行榜的前幾名；許多爸媽都會跟孩子說：「手心手背都是肉」，但不管怎麼做還是難逃「不公平」的控訴。其實，只要對人性有多一點的認識，就能免去許多不必要的紛爭，讓孩子從手足相處的經驗蒙利，長出同理他人、溝通協商和解決問題等能力。

曾經有訪客帶來兩份不同的禮物，卻沒指名哪樣禮物給哪個孩子，偏偏姊妹倆喜歡上同一款，四隻眼睛不約而同的望向正在一旁的媽媽。我當下面露難色的說：「媽咪非常希望妳們都能得到自己喜歡的東西，但禮物就這兩樣。妳們討論看看該怎麼辦，如果無法解決，那這兩份禮物就都歸媽咪好了。」此言一出，兩個小傢伙很快就互相妥協，做出雙方都同意的決定。

我稱這一招為「生命共同體」，也就是在充分表達同理關懷的前提下，讓手足體認唯有合作才能創造最大利益，進而願意互相理解、釋出善意，一起找出雙方都能接受的決議（相關做法可參考第六章）。我之所以能夠這麼處理，除了心理學的滋養，過去的諮商經驗也讓我深刻體會，如果不懂人性，許多父母自以為是的做法反而會招致適得其反的結果。

譬如剛剛的例子，許多父母會建議孩子以猜拳、抽籤來決定，或乾脆直接裁決「上次姊姊先選，這次就妹妹先挑」、「這個妹妹還用不到，就給姊姊吧」。這些看似公平的作為，往往帶來「順了姑意，逆了嫂意」的結果；猜輸的會說為什麼不抽籤、沒抽中的又抱怨為什麼不猜拳，至於介入仲裁，不只會造成民怨四起，更容易擴大手足之間的嫌隙，這絕非父母所樂見的。（關於何謂公平也可參考第三章）

冷眼、熱腸，引導孩子思考

做為一位母親以及大家眼中的「親職教育專家」，我所服膺的信念其實非常簡單，只有「冷眼、熱腸」而已。

熱腸，是指以真實的愛為起點，抱持感性的態度去同理、關懷孩子感受；冷眼，則是指以了解人性為基礎，建立理性的教養方式。這個理性來源，心理學當仁不讓，而其他和人類行為研究相關的學科，也能提供非常具有原創性的啟發。

《賽局教養法》就是這麼一本跨領域好書，作者將著名的經濟學理論運用在家庭教養上，提供父母有科學依據的觀念、獨到有效的祕訣，讓紛爭得以弭平、衝突消失無形。讀者不只可以從閱讀中享受學習新知的樂趣，也能從實際操練中體會親職效能提升的成就感；最重要的是，你將發現當父母愈來愈輕鬆，養小孩就愈來愈成功！

（作者為兒童青少年心理專家、國內兒童情緒教育重要推手）

推薦序

雙贏思考，幫助孩子成長

魏瑋志（澤爸）

「爸爸，幫我戴手錶。」

女兒從櫃子裡找到了手錶，發現後開心不已的想要我趕快幫她戴上。

「等一下，妳之前戴這個手錶的時候，手腕的地方起了疹子，然後紅腫癢癢的。應該是這個塑膠材質好像不太好，先不要戴啦。」

我突然想到了之前女兒一戴上就起疹子，所以馬上拒絕。

女兒聽到我的回答是：「不要戴。」有點哀怨的表情說：「啊！為什麼！我想要戴耶！」

我說：「我知道妳想要戴，但是爸爸更擔心妳的手腕會癢啊。」有點賭氣的女兒回說：「哼！我就是要戴。」

當孩子有了要求，而我們的想法卻不同時，除了用「這是為了你好」來說服，以及「沒有！就是這樣！」的命令之外，其實可以一起來討論與思考，如何同時達到我與孩子的目的，也就是找到一個兩全其美的雙贏方法。

當我正想著有什麼辦法可解開僵局時，一旁的老婆講話了：「不然，把手錶戴在長袖的衣服上啊。」

我聽到後，眼睛為之一亮，心想這果真是個好辦法。如此一來，既可以達到女兒的要求（戴上手錶），又可以達到我的目的（保護手腕處不起疹子）．於是我對女兒招手：「妳過來吧，爸爸幫妳把衣服拉長一些，再把手錶套在衣袖上。這樣就可以保護妳的手腕了。」

戴上手錶後的花寶，實在開心極了，邊跳舞邊讓我拍照！然後，戴超過數小時都沒有起疹子。

親子之間，有許多地方真的很需要練習如何達到雙贏。

例如孩子放學回到家之後想要先看電視，但爸媽卻希望孩子可以先寫功課；孩子想要吃水果，但爸媽卻希望他們先吃完飯再吃；孩子想要買同學間最夯的玩具，但爸媽卻希望他們先購買有學習用途的教具；孩子想要加入熱舞社，但爸媽卻希望他們可以選擇對未來有意義的社團……

讓孩子樂於與人互動溝通

與孩子相處的每一天，其實都在思考如何達到親子之間的雙贏，特別是面對青春期的孩子，愈要孩子聽話，孩子的反彈反而愈大。如同書中所說的：**賽局理論不是設計出讓大人成為贏家、孩子淪為輸家的賽局，而是給大人利用賽局，矯正孩子行為的機會，更重要的是讓大人、小孩都受益。**

唯有讓孩子感受到，與我們討論會找出一個雙贏的結果，才會讓孩子更樂意找我們溝通。

可運用的方法有很多，不是一定都是要聽從爸媽的，或是完全順應孩子這兩種極端方式。親子之間可以找出一個妥協點，同時達到彼此的目的。當我們願意一起尋找或討論如何創造雙贏時，很多親子衝突都可以輕鬆化解。重點在於，有沒有放下身段去接納彼此的想法，以及付出時間與心思動腦想一想！

跟其他教養書相比，這本書很不一樣。兩位作者提供給家長與老師許多創造雙贏的技巧與方法，值得推薦你一讀。

（作者為親職教育講師，育有一雙子女澤澤與花寶）

推薦序

不管幾歲，都不喜歡不公平

蘇明進（老ㄙㄨ老師）

說實話，一開始我是帶著有些疑惑的心情在閱讀此書。因為把孩子與大人之間的互動，解讀成一種好像在較勁的賽局，這樣的說法似乎不是那麼恰當？同時近年來，我個人對於「獎勵孩子」與「教出好行為」之間，有著不同的看法。我相信良好行為的養成，應該是大人與孩子之間無數的溫柔對話與耐心陪伴所孕育出來的結果。

但是，**我確實是在一邊閱讀《賽局教養法》這本書時，一邊在書稿裡劃下許多重點。**

我閱讀到的是：當大人和孩子互動時，透過賽局理論的嚴謹分析，能夠洞悉孩子此時說的話、所對應的行為，其背後的思維模式；以及此時大人們該說哪些話，才能引導孩子接下來的適切行為；不該說哪些話，以免讓親子互動陷入某種負面的循環。

例如在「公平」這個主題裡，賽局理論提醒我們：公平，遠比表面上看來的還要複雜。孩子對不公平的感受十分強烈，厭惡不公，卻又被不公平吸引。

我想起我教過不少孩子，經常和自己的手足競爭、只為博得父母關愛的眼神，甚至暗自落淚、大嘆父母的偏心與不公平，他們的父母對此顯得束手無策。前陣子，我也在協助處理班上孩子與安親班老師的衝突事件，孩子強烈質疑老師的不公平，以致他選擇在安親班與老師對抗，故意做出惹惱安親班老師的行為。

本書中列舉了許多策略，包括：調整贏家法、帕雷托最優、平衡輪流法、最後通牒賽局、避免孩子自利等方法，來預先避免孩子認為不公平的情境發生。我想起我在體育課時也曾實施過類似「平衡輪流法」，讓後選的那一隊，能優先選擇第二、第三位選手。但這樣的教學策略，是在一次次孩子們表達不公平感受後，所慢慢調整出來的結果。

書中並不全然鼓吹家長們應該完全的仿效，而是運用許多學者的研究理論，來供讀者判斷。重要的是家長可以選擇適合自己教養觀，以及與此時情境相同的策略，來和孩子對話，以創造雙贏的結果。

就像這本書的副標「讓孩子學會雙贏」，我們在面對孩子時，還是希望孩子能從這些生活問題中，學會如何解決問題的方法。也許我們可以藉由賽局理論，想想我們還可以怎麼做，將親子互動調整成彼此感受愉悅、共創雙贏的親密關係。

（作者為作家、國小教師）

目次

3 推薦序 多想一步，教養就可大省力／彭菊仙

9 推薦序 善用心理學，聰明化解手足衝突／楊俐容

13 推薦序 雙贏思考，幫助孩子成長／魏瑋志（澤爸）

17 推薦序 不管幾歲，都不喜歡不公平／蘇明進（老ㄙㄨ老師）

27 前言 為家長上一堂賽局課

賽局理論讓我們更了解孩子的行為動機，
幫助我們輕鬆化解家庭的緊張氣氛，
讓孩子從遊戲中建立與人相處的能力，
學會自己解決問題，
以及養成主動學習的習慣。

39

CHAPTER 1

我負責切，你優先選

你家的小小孩不必用到任何數學，
就可利用這個方法
公平分配蛋糕或任何可切分的東西，
而且皆大歡喜。

51

CHAPTER 2

別把芭比娃娃切成兩半！

拍賣方法可用來解決家庭爭端，
而且效果奇佳，
你大可把所有的瑣碎家務拍賣掉，
而孩子也得到他最想要的。
父母與孩子雙贏。

CHAPTER 3 67

他得到樂高？這樣不公平啊！

想像在某個星球上，
孩子只要得到夠多東西就會心滿意足，
從不在乎別人到底拿了多少……
這畫面非常美好，不過很可惜，
這不是我們住的星球。

CHAPTER 4 93

你是開玩笑的吧！

如何讓孩子把你告誡的話聽進去？
首先，你必須言出必踐，才會讓人信服，
此外，懲罰的時機點要抓緊，
當孩子有不當行為，
懲罰的時間不能隔太久。
對年幼的孩子來說，未來實在太遙遠。

115

CHAPTER 5

狗狗吃掉我的回家作業

你或許早就知道，
要孩子不說謊並不容易。
賽局理論幫助你輕鬆設下鼓勵誠實，
抑制說謊的潛規則。

139

CHAPTER 6

是他先開始的！

不論願不願意，
父母總是坐在最靠近拳擊擂台的位置。
如何讓孩子停止爭吵？
甚至願意彼此合作？
賽局理論家已設計出多個方法，
可有效降低衝突並引導他們合作。

165

CHAPTER 7

為什麼不能買給我？

每個家長都需要一個獎勵機制，
既不會給孩子太大壓力，
又能給他們努力的動機。

187

CHAPTER 8

你的意思是不相信我嗎？

這種故事結局一點也不讓人意外——
親子之間，常出現未竟的承諾；
手足之間的約定，也常常無疾而終。
賽局策略有助孩子鍛鍊意志力、
培養信任與同理心，
自動履行自己許下的承諾。

211
CHAPTER 9
不要指揮我該做什麼！
家人之間如何做出皆大歡喜的決定？
到底誰說了算？
當簡單多數決無法定勝負，
有個賽局策略稱為「隨機獨裁者」，
可幫助你快速做出公平決定。

231
結語
飛離舊巢
不論你是否意識到，在教養孩子上，
你希望自己在孩子眼中是講道理的，
也希望教出講理的孩子，
賽局策略幫助你輕鬆做到。

241
謝辭

247
注釋

前言

為家長上一堂賽局課

賽局理論讓我們更了解孩子的行為動機，
幫助我們輕鬆化解家庭的緊張氣氛，
讓孩子從遊戲中建立與人相處的能力，
學會自己解決問題，
以及養成主動學習的習慣。

二〇〇五年日本電子公司萬視寶電工總裁端山孝，提出一項可能是有史以來最昂貴、也最異想天開的「兒童遊戲」。

端山孝想要拍賣公司價值兩千萬美元的藝術收藏，其中包括塞尚、畢卡索與梵谷的作品。但他實在不確定是要交給佳士得還是蘇富比去進行拍賣。經過一番思考後，端山孝宣布，要用一種非傳統的方式來決定：兩家拍賣公司必須猜拳來定勝負，贏的就能爭取到這筆拍賣生意，兩家公司的代表被叫進會議室，面對面的坐在長桌兩端。兩隊都拿到一張紙，他們要各自寫下剪刀、石頭或是布。結果佳士得寫了剪刀，打敗了蘇富比的布，成為贏家。

大部分人都會覺得這個方法很公平。猜拳是個完全碰運氣的遊戲，而佳士得剛好走運。

但其實也不是單憑運氣，佳士得有先擬定策略。在決勝負前，佳士得一位高階主管針對猜拳的訣竅請教了兩位專家：他十一歲的雙胞胎。「一定要先出剪刀，」雙胞胎告訴他，「出石頭太明顯，而剪刀贏布。」比賽過後，蘇富比承認自己沒有擬定策略，白白錯失價值數百萬美元的佣金。

行為新科學，家長也適用

猜拳只是賽局理論（Game Theory）研究的典型案例之一。賽局理論起初隸屬於數學領域，主要研究人們如何博弈、互動及談判，探討當一方的決定會影響另一方回應時的策略思維。接龍與賽局理論無關，你面對的只是一副撲克牌；但西洋棋很不一樣，你每走一步都會立即影響對手的策略，而對方的每個動作，也將影響你的下一步棋。這些都是讓賽局理論家醉心著迷的情境。

賽局理論是由經濟學家與數學家提出，但研究者很快就發現它的應用範疇遠超乎經濟領域。賽局理論已然成為重要談判的基礎，被政治人物、名流與執行長大量應用。

一九四四年賽局理論因傑出的經濟學家、物理學家、數學家暨電腦科學家范紐曼（John von Neumann）與同儕摩根斯坦（Oskar Morgenstern）而發揚光大，那一年他們出版開創性著作《賽局理論與經濟行為》（*Theory of Games and Economic Behavior*），讓賽局理論晉升為一種新科學——策略思考的科學。一些權威人士認為，天才范紐曼主導了賽局理論的突破，而摩根斯坦的角色是敦促范紐曼投入這個新領域。無論如何，兩人一同被視為賽局理論的共同開創者。

賽局理論下一個重要里程碑發生在一九五〇年代初期，另一位絕頂聰明的普林斯頓大學數學家奈許（John Nash）對賽局理論研究帶來重大貢獻，電影「美麗境界」就是奈許的故事。奈許發表了多篇科學論文，把范紐曼與摩根斯坦的研究推向更高境界。奈許後來因為生病曾離開賽局領域一段時間，於一九九〇年代重返研究崗位，一九九四年因為在「奈許均衡」上的重大成就，獲頒諾貝爾經濟學獎。這個理論解釋了許多人類的行為，像是為什麼當你從自身最大利益出發，卻不一定能夠得到最佳結果。奈許也是歷年十一位獲頒諾貝爾獎的賽局理論家之一。

在范紐曼與奈許的研究發表後，賽局理論已被應用在政治科學、公共衛生、心理學，甚至動物行為的研究。有專家發現，蜘蛛與魚類是絕佳的賽局理論家；演化讓蜘蛛與魚兒的行動充滿巧妙的策略思維，即便牠們自己不知道。

直到最近，賽局理論家才把注意力轉向世界上最具挑戰性的策略難題之一——養育子女。研究已證實，賽局理論可應用在家庭與學校生活中。

思考好玩的難事，讓孩子學習雙贏

賽局理論可幫助我們說服孩子去寫功課、刷牙、自動起床、按時就寢；如果我們對孩子清楚解釋賽局規則，就可讓他們與父母、手足，以及家人以外的同學與朋友相處得更融洽，而且過程中不用施以任何訓誡懲罰。

佐曼是卡內基美隆大學的賽局理論家，主要研究語言的演進，以及社會行為背後的數學法則。雷伯恩則是一位作家，寫過兩本教養書與無數關於育兒的文章，還育有五個孩子。當我們相聚討論，很快就發現家長與老師可從賽局理論獲益良多。了解賽局理論，以及賽局理論在家庭、學校的應用之道，可協助大人減少親子之間和孩子之間的爭執與衝突，並提升彼此關係。

讓我們正視這個事實——大人正面臨嚴峻挑戰。

爸媽或老師總會很快發現，在孩子的成長過程中，大人很容易在愛裡投降。孩子即使在還不會說話時，就知道如何讓大人聽他們的，孩子知道，用手去指貨架上的餅乾，或伸手拿玩具是上策，因為這麼做通常能讓他們得到餅乾或玩具。孩子最典型的行動，就是舉起雙臂討抱。有哪個大人不會照做？現在問問自己：是誰占了上風？大人確實需要幫忙！

孩子很機伶，他們運用的策略甚至能贏過獲頒諾貝爾獎的大人。大人理應比乳臭未乾的孩子深思熟慮，不是嗎？我們比孩子年長那麼多，但為什麼常常是孩子獲勝？

當孩子比規定時間晚睡，我們無異被孩子打敗；當孩子要求每天晚上都吃義大利麵當晚餐，而且總是成功時，又再度擊敗我們；當孩子寫不出作業崩潰大哭時，我們舉白旗投降。

面對孩子，大人似乎拿出什麼策略都沒用，但真的是這樣嗎？

賽局思考以更有效的方法激勵孩子，
讓他們自己會想，更懂得如何與人相處。

明智化解衝突，協商藝術從小教起

在這本書中，我們將檢視大人與孩子是如何思考、他們常用的策略是哪裡出了問題，身為家長或老師，又如何善用賽局策略來教出快樂、健康又聰明的孩子。我們不是要教你設計出讓大人成為贏家、孩子淪為輸家的賽局，賽局理論對家長或老師的幫助遠大於此——它給大人們利用賽局，矯正孩子行為、引導孩子思考的機會，更重要的是讓大人、小孩都受益。雖然賽局理論可以很複雜深奧，但在大部分的情況下，你只需要知道三件事：參與者、參與者的偏好，以及參與者可能採取的行動。

不論你是否意識到，在教養孩子上，你希望自己在孩子眼中是講道理的，也希望教出講理的孩子，賽局策略可以幫助你輕鬆做到。我們會以最簡單易懂的方式幫助你了解賽局策略如何運作，你又如何教孩子講道理，並以更有效的方法激勵孩子，做出對他們自身有益的行為與選擇。

在孩子身上應用賽局理論的一個最知名案例，是俗稱的「壞孩子定理」

（Rotten Kid Theorem）。壞孩子定理來自已故諾貝爾經濟學家貝克（Gary Becker）影響深遠的研究。這個定理之所以引人注目，部分是因為它違反常理。壞孩子定理的論點如下：

你或許覺得，那些從不關心家族命運的孩子，不會對父母或手足做出太大貢獻，因為朽木不可雕也。但若不論孩子有什麼行為，父母都表現出十足的在乎與關心，壞孩子會很快知道，對父母好一點對自己有利，因為父母會對他更好。根據壞孩子定理，在適當的環境下，壞孩子也能被調教為小天使；如果沒法成為天使，至少也能變得乖巧些。

最大參與、最小干預，讓孩子自己會想

請務必記住，我們談的是有科學根據的策略，不是要把戲，賽局理論不是詭計詐術，而是一種與人應對的聰明方法，也就是了解別人可能採取哪些行

我們談的是有科學根據的教養策略，
也是與人應對的雙贏方法。

動，然後擬出一個策略，讓雙方都對結果滿意。不論議題是全球的政治磋商，或晚餐要吃什麼，這方法都行得通。

每當我們要為孩子公平分配有限資源，不論那是樂高積木、多滋樂扭扭糖或玩 **iPad** 的時間，都可以用上賽局理論。想想經典的切蛋糕問題：當孩子的利益相左時，我們要如何切蛋糕才公平？

切蛋糕的技巧，也可應用在分配熱門玩具的遊戲時間、決定孩子零用錢的額度，或選擇假期活動上。賽局理論家的核心研究，就是如何解決公平分配的問題。

當家長或老師學會賽局理論，就能預先阻止熟悉的哀號——「但那不公平啊！」同時別忘了，這些小小的談判專家很聰明。當小男孩大喊「不公平」時，可能因為他覺得不公，也有可能是在布局，讓下次機會來臨時占有優勢：「上次我糖果少拿了，這次該換我先選了吧！」

在我們撰寫這本書時，發現賽局理論研究的行為問題，如知名的囚徒困境與家人互動之間有直接的關連，設計獎勵的理論也一樣，關於可信與不可信威脅的最後通牒賽局也是如此。想想我們有多少次威脅孩子說，若他們不好好把早餐吃完，就要取消海灘的行程？孩子知道爸媽只是虛張聲勢，因為爸媽比自己更想去，而且他們知道爸媽不會為了一碗果脆圈，犧牲自己的假期。

在電影「聖誕故事」中，小男孩拉菲發現，每當他說想要一把ＢＢ槍，總得到「你會把自己眼睛射穿！」這般經典、無法反駁的家長訓誡。「媽媽每次都用這句要命的理由，小孩根本一點辦法也沒有。」拉菲哀嘆。不過沒多久，拉菲就想到辦法得到渴盼已久的紅騎士ＢＢ槍，他的策略就是博得父親的同情，打敗了母親的恐懼。

如同拉菲，孩子獲得最終勝利的例子比比皆是。身為大人，在這種鬥智遊戲上，我們總是被只有我們一半身高的孩子擊敗，賽局理論正好可以幫助大人和孩子在這些情境下做出對的選擇。

我們決定聯手提供你幾個工具，幫助你不被孩子吃定、做出公平的決定，並阻止爭論口角。我們知道你不想跟孩子吵架，你也不需要這麼做。

想要達成這個結果，只需要多一些思考、多一些經濟學、多一些心理學，以及多一些練習。我們談的是以實證為基礎的教養法，不是一時的流行風潮，不必靠臆測或耍花招把戲，幫助你以最好的情況，創造出雙贏局面，不只可降低衝突、激勵孩子自動自發，同時教導孩子解決問題的策略。當孩子離家展開自己的人生，遇到問題時就知道如何面對與解決。賽局理論妙用無窮，人人都能從中獲益。

CHAPTER

1

我負責切，你優先選

你家的小小孩不必用到任何數學，
就可利用這個方法
公平分配蛋糕或任何可切分的東西，
而且皆大歡喜。

怎樣切蛋糕才公平？這是賽局理論的經典問題之一。

紐約大學教授布萊姆斯（Steven J. Brams）和聯合學院教授泰勒（Alan D. Taylor）是研究這個問題最知名的賽局理論家。他們在《雙贏結局：對所有人都保證公平的結果》（*The Win-Win Solution*）一書中提到，利用「我切你選」的準則來切蛋糕，由一個人負責切，另一個優先選，可做到「無嫉妒分割」的公平分配，也就是每個人都覺得自己拿到的那塊蛋糕，跟別人手上的那一塊至少一樣好，沒有人會羨慕別人手上的那塊蛋糕。

這個切蛋糕準則，可應用在許多情況。

舉例來說，幾年前英國與埃及的考古學家決定，該是分配雙方共有的一些考古遺跡的時候了。這些古物各色各樣，不可能直接對分，如何解決才公平？他們正是運用了「我切分，你先選」的賽局準則。

英國考古學家把古物分配到開羅博物館的兩個房間，然後由埃及考古學家來挑選。在這個遊戲規則下，英國考古學家會盡量把兩個房間的古物公平分配，因為他們知道對方有優選權。

結果皆大歡喜，至少沒人抱怨

「一人負責切，另一人優先選」的策略可用在兩國之間的古物分配，也可用在你家。你家的小小孩不必用到任何數學，就可利用這個方法來平分蛋糕或任何可切分的東西，而且皆大歡喜。

大人們也可用來劃分家務。假若你與配偶在一週內，要帶孩子去練團、玩遊戲、看醫生，就能用「我切，你選」來公平分配勞務。媽媽可以把一週所有的家務雜事列出來，並分成她覺得工作份量相當的兩堆。這樣一來，媽媽不論得到哪一堆都會滿意；當爸爸優先選擇時，他也可以選自己比較願意做的那個選項。兩人都對結果滿意。

以馬克與蒂亞這對夫妻來說，這個賽局策略就非常適用。馬克是晨型人，蒂亞是夜貓子。馬克提議：一人和孩子一起早起，另一人則要哄孩子入睡。蒂亞開心的選了哄睡任務，而馬克也滿心歡喜的接下叫孩子起床的責任。這個雙贏局面，遠比讓他們輪流好。

同樣的做法，孩子也可以運用。假設孩子要分一盒樂高積木、玩具車與填充動物玩具，就可以一人把玩具分成兩堆，由另一人優先選要哪一堆。

賽局理論家之所以對「一人負責切，另一人優先選」的切蛋糕原則非常熱中，是因為這個賽局理論不只攸關蛋糕的切分，最重要的是了解如何切分才算公平——平均分割（兩塊蛋糕一樣大小）與無嫉妒分配（彼此都不覺得對方占自己便宜）兩者不同，能達成雙方都不嫉妒的分配才算公平。

不論在何種情況下，標的是物品或權利（如使用電腦的時間、電視節目選擇權等等），只要孩子們想要公平分配，「我切你選」的賽局準則就可適用。

賽局理論妙用無窮，是家長的教養好幫手。

如何讓孩子開心走出玩具店？

人山人海的玩具反斗城走道中央，有個店員在積極展示最新的可擦寫平板電腦，你知道兒子永遠不可能像店員用得一樣好，但兒子對這平板電腦很感興

平分不一定就公平，
能達成雙方都不嫉妒的分配才算公平。

趣，他還試圖在嘈雜聲浪中提高嗓門，要求買一包神奇寶貝戰鬥卡。同時間，女兒則要求購買更多的赫寶電子蟲，讓牠們在臥室的軌道上奔跑，即便臥室一半的空間已被這些東西占滿。

你要怎樣分配資源才算公平？當這次的「蛋糕」包括了平板電腦、神奇寶貝戰鬥卡與赫寶電子蟲，你會想要怎麼切分呢？

你會為兩個孩子支付一樣額度的錢嗎？但假若一隻赫寶電子蟲的價格，比一整包神奇寶貝戰鬥卡還貴怎麼辦？如果平板電腦比其他兩個玩具加起來還貴呢？想為兩個孩子花一樣多的錢，顯然行不通。

還是不管價格，給兩個小孩一人買一樣玩具，給女兒赫寶電子蟲，給兒子一包神奇寶貝戰鬥卡或一部平板電腦？萬一兒子覺得赫寶電子蟲比他那包神奇寶貝卡值錢，可能會要求多一包神奇寶貝卡；如果女兒發現平板電腦才是最昂貴的禮物，可能會嫌棄得把電子蟲丟在地上。

所以，這招也行不通。

分配錢包中的資源，不等同切蛋糕，因為你切的不是整塊蛋糕，你不會想把錢包裡所有的錢都花掉。切蛋糕與買玩具之間有個重要分野，切蛋糕被稱為「零和賽局」，當一人拿得多，另一人就拿得少。棒球也是零和賽局，當一隊贏，另一隊就輸。

但買玩具可不是零和賽局，兩個孩子都能取勝；唯一的輸家是你，因為付錢的是你！你知道，孩子也知道，你荷包裡的錢，遠多過他們購買神奇寶貝卡、平板電腦與電子蟲的金額。孩子不用多久就會了解，什麼是信用卡，在他們眼中就是無窮無盡的錢庫。

把最大損失極小化

首先，讓我們深入說明零和賽局。零和賽局是賽局理論家最早想要解析的情況，他們率先研究的案例之一是西洋棋。當對戰的一方勝利（可以記為+1），另一方就是失敗（-1）。兩者的分數相加為零。如果兩人平手，雙方的分數都是零，沒有誰勝誰敗，總分加起來還是零。

買玩具不是零和賽局，因為付錢的是你！去玩具店之前，請設好停損點。

經濟學家范紐曼與摩根斯坦最早提出的賽局準則之一，是「大中取小」（minimax），也就是把最大損失極小化。想清楚你最多能輸掉多少，然後設計一個策略來改善可能發生的最糟情況。

如果你帶一百元去玩撲克牌，你最多損失一百元；下次只帶五十元，就降低了可能輸掉的最大金額，如果你帶一堆錢去賭博，你的最大損失也因而提高。所以，下次帶孩子去玩具反斗城時，記得先講好預算上限，讓孩子選擇預算內的玩具，或選擇將錢存起來下次再買。

若有三個小孩，父母該怎麼辦？或是當蛋糕要公平切分給父母與兩個孩子，總共四個人呢？這是賽局理論早期出現的兩難困局之一，直到范紐曼的著作出版四十多年後，賽局理論家們才終於解出。

讓我們想想一個不同的問題：假若有一整櫃的玩具，讓三個孩子去分配。這櫃玩具中，有些很吸引兩個年紀較小的孩子珍珍與威爾，但其他大部分玩具他們都覺得很無聊。老大湯姆也只喜歡其中部分玩具。所以三人決定這麼做：湯姆把玩具分成三堆，年紀比較小的珍珍與威爾可以各自先挑一堆。這聽起來很公平。湯姆會想要公平的分成三堆，當珍珍與威爾選了自己想要的那堆後，自己才不會拿到最小的一堆；如果有一堆玩具明顯比其他兩堆小，最後一定是湯姆拿到。這就如同切蛋糕的情形一般。

不過，如果湯姆有賽局意識，就會發現有辦法讓最終的選擇對他和弟弟妹妹有利。湯姆對玩具的偏好，和珍珍與威爾不同。有些玩具對他而言太幼稚，所以湯姆的分法如下：小小孩的玩具分兩堆，盡可能公平，不會明顯一堆大，一堆小，剩下的玩具則統統集中在一堆，他喜歡的玩具都在裡面。但如果讓珍珍先選，她一定會挑自己喜歡的玩具，把另一堆留給威爾，這也不公平，不論誰先選，一定會讓另一個人不開心。

幾位卡內基美隆大學的電腦科學家，最近完成三人以上「我切你選」情境的研究。他們試著藉由設計，讓這件工作變得比較簡單。設計什麼？一個幫你執行分配任務的網站。登入 www.spliddit.org，它可以讓你輸入孩子的名字，然後登錄他們要分配的玩具。當你輸入完畢，網頁就會幫你計算分配方案。孩子對結果的接受度，取決於他們對網站公平性的相信程度。如果孩子受到網站吸引，這方法或許能奏效。但除此之外，也可善用以下方法。

輪流不一定公平，平衡輪流才公平

布萊姆斯與泰勒也討論出另一種物品與權利分配法，他們稱為「錯列」，其實就是所有家庭都十分熟悉的輪流。球場就是這麼運作的：兩個棒球隊長要從一群孩子中，輪流挑選自己想要的球員。這麼做有兩個好處：隊長不需要解釋他們的選擇，每當輪到自己，他就挑選自己認為最好的球員。第二個好處是，這方法很好理解，而且孩子都覺得公平。

不過，布萊姆斯與泰勒不諱言，這個做法也有缺點。這麼做可能無法避免嫉妒。如果有個球員明顯比其他人優秀很多，先選的隊長就獲得極大優勢。想改變其中的不公平，可以透過布萊姆斯與泰勒所稱的「平衡輪流法」，這在體育賽事也很常見。在季後賽系列賽中，球隊在主場打揭幕賽能擁有極大優勢，因為在家鄉的球迷前，球隊的贏面較大。為了平衡優勢，下兩場球賽都是在另一隊的主場舉行。這就是採取平衡輪流的做法。

當你的孩子對於要看什麼電視節目意見相左時，可以試試這個方法。當兒子選第一個節目，女兒可以選後面兩個。這不表示為了平均分配，必須連看三個節目。兒子可以選今晚看的節目，女兒則能獲得明後天晚上的節目選擇權。

在任何可以輪流的情境下，這個方法都能奏效，你會發現孩子通常會願意接受這方法。

如果你有三個小孩小安（A）、阿班（B）與卡洛（C）為了看電視爭吵不休，以下平衡輪流方式可讓挑選過程變公平：ABC、CBA、CBA、ABC，依此類推。

「我切你選」給孩子一個避免爭執的方法，讓他們了解分享的必要。但當一個孩子切蛋糕，另一個孩子選蛋糕時，家長一開始最好在一旁觀察，如果這個做法時常被採用，孩子就會對結果愈來愈信任。時間久了，家長也就不需要在一旁站崗了，其他賽局法也是一樣。

新教養觀點，讓孩子學雙贏

- 當孩子在分蛋糕、分玩具或分配任何有趣東西時，切記要避免嫉妒產生，手足間的許多爭執可因此消弭。
- 家長在分配責任與義務時，也可運用「我切你選」的原則。
- 當只有兩個孩子時，「我切你選」往往能夠讓雙方滿意。
- 當孩子（或家長）知道對方的偏好時，「我切你選」往往可帶來更好的結果。
- 當有三個以上的孩子時，可以用平衡輪流法達到公平分配。

CHAPTER

2

別把芭比娃娃切成兩半！

拍賣方法可用來解決家庭爭端，
而且效果奇佳，
你大可把所有的瑣碎家務拍賣掉，
而孩子也得到他最想要的。
父母與孩子雙贏。

蘿拉很想買一組任天堂電玩，但她自己存不了那麼多錢，於是和哥哥決定一起存錢，兩人還達成協議，買下電玩後會均分使用時間。當兩人終於存夠錢，買下渴望已久的電玩帶回家，快速拆開盒子，興奮按下啟動鈕時，兩人才發現一個新問題：他們還沒討論好誰可以先玩？

時間可均分，兩人也可輪流，但「第一次」要怎麼分？一定會有一人先玩，而兄妹兩人都想當第一個。

上一章談到，如何用公平的方式均分東西。蛋糕可被切成相同大小，或讓吃蛋糕的人「感覺」公平，孩子可均分玩熱門玩具的時間，媽媽可每晚講不同的故事。但有些東西是獨一無二的，你沒辦法把「第一次」切成一半，如果蘿拉先玩，哥哥就只能排在後面。

我們都知道，會讓家中尖叫爭吵不斷的，不只是決定誰先玩電玩這種事，不論是手足或朋友，孩子之間的問題，大都屬於這個範疇。家裡新飼養的狗兒只有一個名字，但每個人都想做主；如果雙胞胎對於要在哪裡辦生日派對有不同意見，你就頭痛了，生日派對在兒童主題餐廳或鄰近公園，但不能兩個地方讓誰先來，孩子之間的許多衝突糾紛，都屬於這個範疇。

同時舉辦。

不只是孩子遇到這樣的問題，家長也常陷入育兒、工作與社交生活的困難抉擇。朋友舉辦宴會，但你找不到臨時顧小孩的保母。到底誰可參加，誰又必須在漫長的一天後，帶累壞了的孩子上床睡覺？吉米第一次的鋼琴獨奏會，剛好與莎曼珊足球練習的時間撞期，爸媽都想參加獨奏會，因為那是一年一度的活動，跟足球練習不同，究竟誰可以去，誰只能用搖晃的 iPhone 影片感受盛況？

擲銅板是事前公平，事後必定有人會崩潰

在你眼中或許一些事務跟物品一樣，是可以分割的。比方用長期輪流的做法，來「分割」權利。孩子可能會願意在一年後互換房間；妹妹可以先幫狗兒命名，當你在社區流浪動物之家領養貓咪時，則換哥哥命名。不過，或許你已察覺其中問題，兩個孩子都想在第一年入住新房間，還有誰知道你養了小狗

後，是否還願意養貓咪？

當爭議的資源無法分割，該如何分配，就成了一個長久以來難解的問題。讓我們想想，當你面對公平分配的難題時，還有哪些其他選擇。有個老掉牙的方法：擲銅板決定。畢竟，這看起來很公平。你沒法把慶生會分成兩半，但可以給孩子得到偏愛地點相同的機會。如果人頭朝上，就在兒童主題餐廳辦，如果背面朝上，慶生會就在公園。當然你也可以讓孩子猜拳。

但賽局理論家認為，擲銅板（或猜拳）有兩個缺點。第一個缺點你可能已經體驗過。在經濟學裡，事前公平不等於事後公平。

擲銅板決定誰先玩電動是事前公平，在擲銅板前，兩個孩子的勝算是一樣的，誰也不會嫉妒誰，但當你擲完銅板之後，肯定會有人找你抱不平。當一個小孩得到先玩的權利，另一個小孩就會跺腳埋怨這個世界（或爸爸）有多麼不公平。

擲銅板不是事後公平，而且世上沒有一個拉丁術語，可以讓擲輸銅板的孩子感覺好一點。

對賽局理論家而言，擲銅板的第二個壞處更嚴重。假設姊姊茱莉亞與弟弟小米奇，為了誰能幫新狗狗命名爭吵不休。兩人都想幫狗狗取名，但或許茱莉亞的重視程度沒那麼高，她更想要幫貓咪命名。現在假設擲銅板，米奇輸了必然會崩潰，而茱莉亞只會有點高興。由於米奇真的很想幫狗兒命名，就讓他這麼做不是比較好嗎？

如果茱莉亞是個好姊姊，看到米奇這麼想幫狗狗命名，或許會選擇退讓，讓弟弟命名。但這種情況並非常態，有時候，姊姊並不是這麼慷慨厚道，有可能茱莉亞就是喜歡讓弟弟不開心。也有可能，她沒意識到米奇對於幫狗兒命名這件事有多重視。而且有時候，孩子不明白自己對於一件事有多在乎。

如何解決這兩個缺點？賽局理論家有個受歡迎的解決方案。

用拍賣方式決定誰先玩

當有個東西沒法分割，就把它交給最想要它的人。但要如何判斷誰最想要？當然，你不能直接問，因為每個人都會說：「當然是我。給我吧！」你可以請孩子用可量化的金錢或你提出的家務來當判準：他們必須表明，願意為這個東西付出多大代價。在電動玩具的爭議上，父母可以安排一場「首玩權」的拍賣。蘿拉與哥哥可以輪流競標首玩權。到了某個階段，哥哥會發現，他沒有像蘿拉一樣這麼在乎第一個玩，所以決定退出，讓蘿拉付錢或完成你交辦的事項下先玩。

拍賣是一門大生意，它藉著為商品爭取最佳價格而成長茁壯。但若你沒有什麼大作要賣，拍賣的概念對你有什麼幫助？想要進行拍賣，你不需要仰賴高檔拍賣行或時髦新潮的網站，只需要一人擔任拍賣官，以及兩個（或更多）亟欲把拍賣品帶回家的開心競標者。

當你著手進行拍賣，第一個要決定的是：要進行哪種類型的拍賣。這問題你乍聽可能會很驚訝，拍賣就拍賣，有差別嗎？賽局理論家知道有很大的差別。拍賣有許多類型，有些早在賽局理論出現之前就已存在。不同類型的拍賣可改變決標的結果，以及得標者要支付多少金額。如果你想用拍賣來解決家庭當資源無法分割，該如何公平分配？
這時你需要找個方法把東西交給最想要的人。

的爭端，就要選擇一個對症下藥的正確拍賣法。

最常見的拍賣類型是英式拍賣（有時稱公開喊價式最高價拍賣），這或許也是你心中典型的拍賣方式。英式拍賣被用來銷售任何東西，從跳蚤市場不值錢的玩意，到佳士得的畢卡索畫作。英式拍賣有兩個重要特色：人人都知道別人的出價（公開喊價），你如果得標，就要支付你投標的價格（出最高價者得標）。

但賽局理論家大多建議另一種拍賣方式，稱為次價密封投標拍賣。賽局理論家喜歡這種類型拍賣，因為執行簡單，投標者也可輕易了解這項拍賣的做法。在次價密封投標拍賣裡，每個人都要暗自把他的最終投標金額寫在紙上，交給拍賣官，這是密封的部分。投最高金額者得標，但次價密封投標拍賣的特別之處在於：拍賣官向得標者索取的費用，僅比第二高價的投標多一元。

假設科瑞恩、金姆與賴瑞都想要掌控電視遙控器，媽媽就可以把這項權利拿來拍賣。她要求三人暗自寫下出價，科瑞恩寫十元，金姆寫十二元，賴瑞寫下四元。出了最高價的金姆贏得電視遙控器控制權，但他只需支付媽媽十一元

（也就是次高的科瑞恩投標金額再加一元）。

這種拍賣以獲頒諾貝爾獎的經濟學家維克里（William Vickrey）命名，被稱為維克里拍賣（Vickrey auction）。有很長一段時間，大家都以為是維克里發明了這種拍賣法，因為他在一九六一年寫的論文就是以此為主題。

不過後來大家發現，這種拍賣早在維克里發表論文前就已出現。在維克里的大作發表前，集郵者用這個方法拍賣已行之有年。不過維克里仍舊值得高度讚揚，因為他證明了這種拍賣的最好策略，是寫下自己真正願付的最高標金：你自己訂出最高金額，過程中沒有任何詭計心機。

維克里證明這點：次價密封投標拍賣創造了誠實的誘因。

為什麼次價密封投標拍賣的做法比擲銅板好？回想我們的拍賣案例：金姆、賴瑞與科瑞恩在競標電視遙控器控制權。假設媽媽把孩子訓練得很好，他們出的標價就是自己願意為電視掌控權付出的最高金額。賴瑞不是那麼在乎，所以他只願意付四元。科瑞恩居中，他願意付十元。金姆最想要，他把遙控器的價值設定在十二元。如果媽媽進行的是次價密封投標拍賣，金姆將以十一元贏得遙控器使用權。

相對而言，擲銅板會讓孩子產生嫉妒心，擲輸的人會嫉妒擲贏的人。然而，拍賣能創造出無嫉妒的結果。雖然科瑞恩對金姆能夠轉台有些生氣，但他不會想改變現狀。為什麼？因為他不願意為了遙控器掌控權付出十一元。金姆也不想跟科瑞恩或賴瑞交換處境，畢竟他們沒法選擇自己想看的節目。

擲銅板的第二個問題是，對看哪個節目不是那麼在乎的人，有可能成為拿到遙控器的最後贏家。但在拍賣的情況下，願意為競標物付出最多標金的人，總會如願以償。由於人人都有誠實競標的誘因，投標金額最高者往往就是最想要這項物品的人。

策略思考從小教起

從理論上看成立，但孩子真的會經過這般思考過程嗎？我們知道，成人在次價密封投標拍賣上出的價格，往往比經濟學家預期的多。原因至今仍是個謎，經濟學家也時常討論人們出這麼高價的真實原因。但同樣的效應，往往也出現在孩子身上。

拍賣方式多達數百種，不同的拍賣往往會得到些微不同的結果。你可以規劃專屬自己的賽局實驗，看哪種策略對孩子最有效。採用不同的拍賣方式，可以讓整個過程更新鮮有趣。你也能教導孩子一些賽局思考的技巧（但不必直接告訴他們），如果你讓孩子參與數場不同的拍賣，他們就會學著思考，在面對不同類型的拍賣時該如何反應。

如果你的時間有限，可以嘗試英式拍賣的變化版「蠟燭拍賣」。這種拍賣方式在十七世紀中的英格蘭非常流行。蠟燭拍賣進行的方式，與傳統的英式拍賣十分相似：在拍賣中，競標者必須舉手喊出他們的投標金額。但在英格蘭，拍賣官會點燃一支小蠟燭，當燭火熄滅時，喊最高標金者就會贏得競標，即便其他人還想往上加碼。當然，你不一定要使用蠟燭，任何能計時的東西都可以拿來用。但要確認好，孩子沒法知道拍賣究竟會何時結束。不知道結束時間，可以避免他們在最後一刻才來參與競標，也不會出現每次新投標只加碼一分錢

競標過程讓孩子自訂出心中最高標金，
沒得標的人也不會嫉妒得標的人。

的冗長流程。

還有一種拍賣，被稱為「一分錢拍賣」，常出現在「折扣」網站，像是QuiBids與Beezid。這個拍賣運作方式與英式拍賣很類似，不同點在於投標必須付錢（每個拍賣網站索取的金額不一樣）。每次加碼投標，都會讓競標者付出更多金錢，如果競標四次，就要支付四次費用。拍賣網站喜歡這個做法，因為可以從所有投標者身上賺到錢，而不只是賺得標者的錢。所以，即便它銷售電視或演唱會門票的折扣非常大，拍賣網站仍舊能盈利。

並不是所有拍賣都有這麼多眉角。凱文最喜歡的拍賣類型是荷蘭式拍賣。這是最刺激的一種拍賣，而且要孩子仔細考量拍賣物品在手足或朋友心中的價值。荷蘭式拍賣源於有「鬱金香狂潮」之稱的經濟泡沫。在一六三六、一六三七年，鬱金香球莖的價格一飛沖天，然後又摔落谷底。實際上，這種拍賣目前仍用在荷蘭的鮮花拍賣上。荷蘭式拍賣也被美國財政部用來銷售證券，而且被用做為公司首次公開發行前估值的方式。

荷蘭式拍賣非常簡單。拍賣官一開始會喊出一個天價，價格高到沒有人買得起。然後每過一秒，拍賣官會把價格一元一元往下減。（在荷蘭會用一個超級大鐘，鐘面上沒有時間，而是顯示當下拍賣價格。）這個減價過程會一直持續，直到有人跳起來說「我買了」。這人即以鐘面顯示的價格得標。

有些富實驗精神的賽局理論家，則會建議你採用另一種類似的拍賣方式，名為「英式價格鐘拍賣」。基本上，這種拍賣就是荷蘭式拍賣的相反。它從低價起標（假設是一美元），然後不斷調升價格。當新的價格宣布，願意支付的人就要舉手。隨著價格不斷升高，不願支付的人就會主動退出。一旦他們退出，就不能再加入競標。換言之，當手放下後，就失去再舉起的機會。最後，當價格高到一個程度，會只剩一人願意購買。

拍賣就此劃下句點。留下的最後一人，以競標最後的金額得標。

家務拍賣

現在已經有多種拍賣方式任君選擇，在你成為拍賣官前，只剩兩件事需要

沒有人規定一定要用錢來付款，
也可以讓孩子用勞務來代替。

決定：孩子要用什麼支付標金，以及你要拿這「錢」做什麼用？

你可能給每個孩子不同數額的零用金，而他們用錢的方式也不同。有可能一個孩子把每年聖誕節祖母給他的紅包存起來，另一個孩子為了買辛普森超市樂高努力存錢，還有一個則沒有任何特定的用錢計畫。這些變數都可能成為你進行家庭拍賣會的阻礙。

你可以就不同零用金的數額，擬定相應的標金加碼。十幾歲的吉米，每次投標都要增加至少一美元，九歲凱莉的投標增幅只需要五十美分；而小凱莉的五十美分，等同於吉米的一美元。

就算孩子的零用錢一樣多，你還有個問題要面對：怎麼使用拍賣會得到的金錢？把孩子的標金收進自己口袋，感覺有些吝嗇。畢竟你這麼做，並不是為了錢。很多人都會想，把錢拿給沒有贏得競標的孩子。因為感覺這麼做，標輸的孩子能得到安慰。不過，賽局理論家並不贊同把錢重新分配，因為這麼做會誘使孩子隱瞞真正願意支付的金額。如果孩子知道，沒有得標反而能拿到錢，所提標價可能會比自己想支付的還高。

其實，沒有人規定一定要用錢來付款，與其用真的貨幣，建議可以讓孩子用勞務來支付。每個小孩對於做家事的厭惡程度不分上下，要進行一個以家事為基礎的英式價格鐘拍賣並不困難。你可以從一些簡單的家事開始，像是「收拾一樣玩具」。再來，可以加入更繁重的家事，比方清理整個房間，看看是否有人決定退出。不斷加入更煩悶累人的家事，直到最後只剩一個孩子舉手。這麼做，不只確保了做最多家事的孩子，就是最想要這個獎賞的人，也讓部分家事能夠有人分擔。

結果就是父母與孩子雙贏。當你把家裡所有的瑣碎勞務統統拍賣掉，就只剩一件事要做：好好坐著休息，享受拍賣成果。

新教養觀點，讓孩子學雙贏

- 當獎賞是無形的（如玩新玩具的優先權），拍賣是個分配的好方法。
- 拍賣有許多不同類型，你可以都試試看，找出最適合家人的做法。
- 務必從每個孩子都能負擔的標金或勞務開始競標，以確保拍賣公平。
- 如果不想用金錢競標，可以用其他東西，勞務是個不錯的選擇。

CHAPTER

3

他得到樂高？這樣不公平啊！

想像在某個星球上，
孩子只要得到夠多東西就會心滿意足，
從不在乎別人到底拿了多少……
這畫面非常美好，不過很可惜，
這不是我們住的星球。

不久前，保羅的太太伊莉莎白帶小兒子到當地的樂高玩具店，購買小型的星際大戰組。這看起來是個打發週末下午的好主意，而當時保羅正在數個街區外，看大兒子在棒球場為他的小聯盟揮出漂亮的一棒。兒子那隊贏得比賽，孩子們興奮雀躍的互相擁抱，像是贏得世界大賽參賽權一般。不論對保羅或大兒子而言，球賽都是個打發時間的好方式。直到兩人回家，小棒球選手發現自己居然錯過快樂的樂高行程，心情頓時大壞。

「一點都不公平！」大兒子生氣的大吼。

他說的是事實嗎？這究竟是關於公平的問題，還是正義的問題？兩者很容易搞混。

保羅的第一個念頭是，這件事不僅攸關公平，也攸關正義。一個孩子得到樂高玩具組，另一個因為自己的努力，贏得精采比賽。兩個孩子都過了開心的一天。

哥哥沒有得到新的樂高組，但弟弟也沒有贏得球賽的無價經驗，而是和媽媽去樂高玩具店，看似一個公平的補償。另一方面，保羅也必須承認，一個孩子是帶著樂高玩具回家，另一個卻是兩手空空。保羅心想，或許這確實不太公平，他的信心開始動搖：這麼做公平嗎？這種情況也要講求公平嗎？

到底哪裡不公平？

在裁斷這種樂高對上小聯盟的情況前，賽局理論家要告訴你的第一件事：公平遠比表面上看來的還要複雜。公平不只有一種形式，而且它與我們心中認定的公正，往往不盡相同。

賽局理論家有個關於公平與正義的故事，可以讓你洞悉箇中差異。故事來自哥倫比亞大學教授摩根貝瑟（Sidney Morgenbesser）的親身經歷。一九六八年哥大有許多學生抗爭運動，學生抗議校方參與越戰，摩根貝瑟因為參與校園示威運動被逮捕。他與其他學生因為拒絕鬆開互握的雙手，而被警察毆打。

之後，摩根貝瑟被問到是否遭受不公平的待遇。「這待遇不正義，但沒有不公平，」摩根貝瑟說，「警察重擊我的腦袋是不正義，但因為每個人的頭都遭到重擊，所以沒有不公平。」

大多數人都無法這麼清楚超然的分析警察打人的行為，尤其當頭被狠狠重擊後。但摩根貝瑟做到了，而且講得很有道理。我們在這談的不是正義，而是公平。

賽局理論家熱中談論公平的三個基本概念。如第一章所述，公平的一個關鍵要素是對稀有資源的「無嫉妒分割」，不論這項資源是看電視的時間或是披薩。如果兒子不嫉妒女兒拿到的那塊蛋糕，女兒也不嫉妒兒子手上的蛋糕，這時無嫉妒分割就可稱為公平。這個概念對於家長特別重要，若能達到無嫉妒分割與分配，就沒有孩子會指著其他人手上的那份說：「不公平！」

危機解除！

但把蛋糕切得公平還不夠。如果所有參加兒子生日派對的孩子，發現你自製的蛋糕一團糟，中間凹陷，糖霜流得到處都是，絕不會有人在乎別人是否有拿蛋糕，以及拿了多少，沒有人會嫉妒其他人，因為沒人想吃這個蛋糕。就像摩根貝瑟與其他抗爭者，這是個完全無嫉妒的分割，但你得面對滿滿一屋子的憤怒孩子，不論你怎麼切這個蛋糕，孩子都覺得被騙了。

因此，「無嫉妒」在一些情況下看起來公平，但並非一體適用。要解決乏人問津蛋糕的問題，我們需要對「公平」有新的理解，也就是要盡可能讓每個人都開心。舉例來說：假設蛋糕是一半巧克力、一半香草。你從中間對半切，所以兩塊都是一半巧克力、一半香草。你拿一塊給喜歡巧克力的兒子，另一塊給喜歡香草的女兒。他們兩個人都不會羨慕對方，因為兩片蛋糕一模一樣。但兩人也都沒有特別開心，因為他們拿到的蛋糕，都有一半是自己不喜歡的口味。這個做法不夠完美，不是最佳解決方案。

兒子與女兒可以自己切蛋糕交換，但更好的方法是，打從一開始就用正確的方式切蛋糕。亦即切成一塊巧克力蛋糕與一塊香草蛋糕。可不是嘛！兩個孩子都開心得不得了，這樣的切分方式再好不過。這個案例說明了一項公平的概念，稱為帕雷托最優境界（Pareto optimality）。就如保羅所言，一杯乾苦艾酒加上幾個大橄欖，可以讓他非常開心。但當喝的是特乾苦艾酒時，或許要加上塞了兩片藍紋起司的大漢堡，才能讓他達到同樣開心的程度。這就是帕雷托原理！

「帕雷托最優」是每個家長都想達成的目標。但在深入探討帕雷托最優以及不同類型的公平前，我們必須退一步問自己一個更基本的問題：為什麼對我們與孩子來說，「公平」這麼重要？為什麼當孩子感覺一個決定或分配不公平時，會氣得要命？

讓我們想像，在某個星球上，孩子只要得到夠多東西就會心滿意足，從不在乎別人到底拿了多少。這畫面非常美好，不過很可惜，這不是我們住的星球。孩子對不公平感到憤怒，是因為公平意識在演化時就已深植人心。我們對於公平或不公平感受強烈，是因為在過去的演化過程中，它對人類祖先的存活大有幫助。重視公平的人，往往比不重視的人長壽。

寧可不拿，也不接受不公

想要更了解帕雷托最優，可以試試一項稱作「最後通牒賽局」的實驗。在

孩子對不公平的感受非常強烈，
因為公平意識在演化時已深植人心。

這個遊戲中，阿喬拿到了特定數目的金錢（假設一百元），而後被告知要分享給瑪雅。要分享多少數額，由阿喬自行決定。若瑪雅接受他的分配，兩人都可以把錢留下來；如果她拒絕，阿喬就要歸還所有錢。事實上，這遊戲迫使阿喬給瑪雅一項最後通牒：收下我給你的錢，否則你一毛也沒有。但這遊戲對阿喬而言，同樣風險很高，如果瑪雅拒絕他的開價，他同樣會一毛不剩。

在古典經濟學中，問題的解答十分簡單。如果阿喬只給瑪雅一元，自己留九十九元，瑪雅也該接受。為什麼？因為若拒絕，她什麼也拿不到。看在上帝份上，就收下一塊錢吧！對阮囊羞澀的賽局理論研究生而言，一塊錢就能造成餓肚子與吃微波拉麵的差別。如果阿喬相信古典經濟學，他只會給瑪雅一塊錢。

但是，他很可能會非常失望。

在實驗裡，玩最後通牒賽局的人從不接受如此吝嗇的出價。研究顯示，如果阿喬從自己拿到的一百元中，拿出一元或甚至十元給瑪雅，她都極有可能會拒絕。為什麼？要懲罰提出如此不公平分配的人。研究結果顯示，當人們面對這樣的不公平情況，反應大都如此。那些自以為很聰明，可以留下大部分錢的人，最後往往什麼也得不到。

瑪雅對阿喬撂的話非常有效，她說：如果你只給這樣，那我不接受。我不希罕你那小裡小氣的十塊錢，雖然我什麼都得不到，但你也是！

實驗者發現，唯有當負責分配金錢的人願意分享總額的四〇%或更多，另一方才會接受。

換句話說，除非瑪雅分到的金額非常接近總數一半，看起來夠公平，她才會收下。認為瑪雅一元也會接受的經濟學家，完全大錯特錯；那些認為瑪雅會甘願只拿三十或三十五元的人，也錯了。

每當玩這個遊戲，後者都希望能分到將近一半，否則乾脆放棄。

從另一面來看，這法則同樣成立。阿喬可以給瑪雅九十九元，只留一元給自己。一元還是比什麼都沒有好，至少可以買碗泡麵，但阿喬絕對不願意這麼做。他會試著讓自己留下最多的錢，所以如果阿喬夠聰明，會把將近一半的錢分給對方，在這種情況下，他留下錢的機率會遠勝於貪心分給自己太大一份。

愈吝嗇，最後往往什麼也得不到，
愈慷慨，反而收穫更多。

阿喬被迫公平，或者說比他原本想做的還公平。

當金額升高，對於公平的要求並沒有減少。澳洲蒙納士大學（Monash University）的經濟學家卡麥龍（Lisa Cameron）在印尼以三個月的薪資做最後通牒賽局實驗，她發現受試者出現類似的行為。即使金額變大，有時人們仍然選擇拒絕接受不公平的待遇。

許多經濟學家都了解傳統經濟學思維的陷阱，他們甚至提出了行為經濟學，來解釋為什麼有時人們不見錢眼開。

行為經濟學把交易時非關金錢的因素列入考量。它統合了經濟學與心理學，正視了人們在做決定時，金錢以外的動機。對瑪雅而言，拒絕阿喬吝嗇的提議，是因為這個反擊行動能讓她開心滿意。可以說，人們遵循的是心理衝動，而非死板板的經濟學。

如前所述，對公平的重視是深植在人類的基因之中。我們與孩子擁有的公平意識，早在史前時代就出現。

不想拿到太少，也不希望拿的比別人多

近年來有幾個關於猴子與人猿的研究，讓我們對公平意識有了更深一層的了解。一個早期的研究是在二〇〇三年，由喬治亞州立大學的布羅斯南（Sarah Brosnan）完成。布羅斯南是知名靈長類動物學家迪瓦爾（Frans de Waal）的學生，她從捲尾猴的實驗中發現，猴子不喜歡看到同伴得到比自己好的獎賞。一開始，猴子樂意參加這個可以吃小黃瓜的實驗。實驗中，猴子會拿到小石頭，然後實驗人員會給機會讓牠們用石頭換小黃瓜。猴子總是開心的拿石頭來換取食物。

但當遊戲規則改變，看到同伴拿到葡萄（捲尾猴最愛的食物），沒拿到的猴子開始發脾氣。一時間，原本被吃得好好的小黃瓜，被棄之如敝屣。猴子大吵大鬧，表示不想玩了。當猴子看到同伴吃著美味多汁的葡萄，「就完全被激怒。牠們把石頭丟出實驗箱，有時甚至也把小塊的小黃瓜扔出來。」迪瓦爾在他《同理心的時代》（*The Age of Empathy*）一書中寫道。

不管幾歲，都厭惡不公，
對於獎勵不均或偏心特別反感。

想想這個情境：兒子很喜歡椒鹽脆餅，於是你把椒鹽脆餅做為他整理房間的獎勵。兒子整理完房間，拿到椒鹽脆餅後，你以熱巧克力聖代做為女兒整理房間的獎賞，然後讓女兒在兒子面前津津有味的吃聖代。你也知道什麼事會發生，肯定有人會大喊：「這樣不公平！」孩子就是無法忍受同伴得到比自己更好的獎賞。

迪瓦爾寫道，布羅斯南最初的觀察，只是科學實驗中容易被忽略的偶發事件，但如果追根究柢，就能挖掘出重要的洞見。布羅斯南與迪瓦爾一開始對這現象也沒有特別在意，直到發現經濟學家注意到人類有同樣的現象時，他們才改觀。經濟學家稱這種現象為「厭惡不公」，這是人類公平意識中的一個重要組成要素，人們對獎勵不均或偏心的情形特別反感。

現在讓我們回頭思考最後通牒賽局，當有人因拿到太少而不高興，也有人不希望自己拿的比別人多。科學家費雪（Len Fisher）在他的《剪刀、石頭、布》一書中，說明了另一種型態的厭惡不公。他在派對上進行了一個實驗，這個派對切蛋糕給每位參與的賓客，當蛋糕只剩兩塊，費雪把蛋糕拿到一位女士面前，結果那位女士選了小的那一塊。

費雪詢問這位賓客，為什麼選擇小片的蛋糕。「她表示，如果自己拿了大塊的，會覺得過意不去，」費雪寫道，「拿大片蛋糕的好處（滿足口腹之欲或貪心），必須要大過看起來貪心的不自在感，人們才會這麼做。」沒有選擇大片蛋糕，讓她可以吃蛋糕，又保持好心情。

人類的近親人猿，也有類似行為。迪瓦爾指出，在實驗室中，有隻雌性倭黑猩猩（又稱侏儒黑猩猩）拿到額外獎賞（牛奶與葡萄乾），但她很快發現其他猩猩都在嫉妒的看著她，再過一會兒，當研究人員要再給這隻黑猩猩獎賞時，她也不拿了。「她看著實驗人員，不斷揮手指向其他猩猩，直到其他猩猩也拿到牛奶與葡萄乾，她才開始吃自己的那一份。」迪瓦爾寫道。

從最後通牒賽局學習分享

當演進歷史的謎團解開，了解到人們的公平意識非常強烈。下一個重要問題就是：對於這兩種不公平（拿得較少與拿得較多），小孩是否都會展露排斥的態度？常見的是，當一個小孩看到另一個小孩有熱聖代，但自己只有椒鹽餅乾時，會很不高興。但若情況正好相反呢？是從什麼年紀開始，孩子對自己拿到熱聖代，但別的小孩只有椒鹽餅乾時，會感到不安？經濟學家或靈長類動物學家都沒法回答這個問題，只有兒童發展專家才能解答。

回到兒子與女兒的案例。你帶兒子去看電影，女兒已經有些吃味，而且兒子回到家時，還抱著吃了半包的爆米花，以及超大一盒的彩虹糖。女兒伸手向哥哥要些彩虹糖吃，結果兒子只在妹妹掌心上放了一小顆糖果，把盒子剩下的九九％彩虹糖收歸己有。

正如你所料，妹妹馬上表達了她對「分配不均」的不滿，大哭說：「這樣不公平！」兒子現在所處的情況很像最後通牒賽局，只有一個重大差別：如果妹妹拒絕接受，他沒有任何損失。（還記得在最後通牒賽局，如果對方拒絕接受，提議者自己什麼也得不到。）

兒子現在所處的情形，被經濟學家稱為「獨裁者賽局」，他是這賽局中唯一有發球權的人，妹妹一點辦法也沒有。她要不是接受這一小顆的彩虹糖，就是學捲尾猴把糖果甩在哥哥臉上（你要留意這個狀況）。女兒沒法把情況扭轉為最後通牒賽局，她不接受哥哥的提議也沒轍。

但你能扭轉這狀況！

身為家長，你可以對兒子說：「好好與妹妹分享，否則我就要整包拿走，你們兩人都吃不到。」這麼做，就成了最後通牒賽局。你這麼說，就會引起兒子的注意。

我們都希望有一天，兒子發現拿得比妹妹多也是一種不公平，而當妹妹抱著一大盒彩虹糖出現，他屈居劣勢時，或許就會明白這道理。當兄妹都明白，自己拿到太多或太少都是不公平時，就愈來愈不會因為彩虹糖或蛋糕分配不均而吵架。

我們很想知道，這天究竟何時會到來？哥哥何時會發展出比妹妹更成熟的公平意識？他何時願意分享更多彩虹糖，而不是只給一小顆？

公平意識其實與道德感息息相關。我們的道德感從何而來？正如公平意識，道德對錯已經深植我們內心，比理智還強大。孩子也會逐漸養成這種道德感，他們明白是與非，只不過，當孩子長大，對於是非的觀念會改變。當麥考利夫（Katherine McAuliffe）嘗試在捲尾猴身上尋找厭惡不公的證據，才發現沒有人知道，小孩究竟是在什麼時候、用什麼方法發展出公平意識。

新生的雙胞胎不會在乎手足是否喝到比較多的奶水，只要他自己喝飽就夠了。但學齡兒童不僅知道，而且很在意別人是不是得到比他更多的零食、玩具、書本與玩樂。到底是在什麼年紀，孩子的心中才開始發展出公平意識？

不論什麼年紀，都不想吃虧

對賽局理論家而言，這是個值得思考的重要問題。如果孩子還沒發展到可以參與賽局，或是還不明白到底發生什麼事，我們把賽局理論應用在育兒上，將徒勞無功。

麥考利夫與一群有類似想法的心理學家，開始把賽局理論的概念用在他們的研究上，探討孩童是在何時開始展現公平意識，以及他們是如何發展公平意識。加州柏克萊大學的高普尼克（Alison Gopnik）發現，十八個月大的嬰兒已經可以察覺別人有自己的想法，甚至更小的嬰兒已經知道如何察言觀色，遠超乎心理學家的預期。但孩子不是一出生就有公平意識。

麥考利夫與波士頓大學的布雷克（Peter Blake）合作，試著找出孩子在哪個年紀發展出公平意識。一些研究顯示，當要求五歲小孩分享彩虹糖時，他們會多留一些給自己，但若請八歲小孩這麼做，他們傾向公平的分配糖果。但根據布雷克與麥考利夫的說法，沒有人測試過孩子是否願意為了確保公平，付出代價或做出犧牲。

布雷克與麥考利夫要求兒童在父母與其他人的注目下，把糖果分給一位站在他面前、不熟的孩子。他們發現：「不論什麼年紀的孩子，都不想吃虧。」沒有孩子想要拿小的那一份，而且年紀愈大愈抗拒。所以說，孩子厭惡不公，是這樣說的嗎？

並不盡然。當情況反轉，孩子拿到比另一位孩子還多時，他們非常滿意！

五歲小孩會多留一些糖給自己，
八歲小孩開始會傾向公平的分配糖果。

走進五歲小孩的生日派對，在派對高潮，棒打紙紮公仔皮納塔（Piñata）時，就能清楚看到行動上演：當紙紮公仔終於被孩子（與他們不耐煩的家長）打破，裡面的糖果嘩啦啦掉出時，來參加的五、六歲小賓客，會立即衝去搶糖果，盡其所能地拿愈多愈好。

那些因為只有搶到一、兩顆硬糖果，而淚眼汪汪的孩子，是厭惡不公的最佳例證，他們不喜歡被虧待，尤其當他們超想要賀喜巧克力時，更是如此。但兩隻手滿滿抓著好吃糖果的孩子，表現出的是截然不同的態度。他們一點也不討厭不公平，他們愛得很！不公平最棒啦！看看我拿到什麼糖果！而且他們覺得這個狀態最好，除非父母堅持他們要分給別人一些。父母或許厭惡不公，但幸運的孩子一點也不討厭不公平。

繼續觀察這個搶糖果的活動，你會發現搶到很多糖果的孩子，不只關心自己拿到的糖果，也想知道別人拿了多少。「拿很多糖果」跟「拿得比別的孩子多」同樣重要。如果沒法跟所有人比，至少要拿得比他們不喜歡的同伴多。這可不是紙上談兵，研究人員真的發現了支持這項觀察的證據。

厭惡不公，卻又喜歡比別人強

在一份二〇一四年發表的報告中，耶魯大學心理學家旭斯金（Mark Sheskin）與同事發現，五、六歲的小孩會故意去查看其他人拿到的好東西是不是比自己少。旭斯金團隊指出，另一個關於七到十三歲孩子的研究發現，這些大孩子喜歡在一些特定的實驗測試中拿高分，如果比別人高分，他們更高興：「當其他人失敗，勝利的滋味會更甜美（幸災樂禍），而當其他人成功，失敗的滋味就會更苦澀（嫉妒）。」他們總結表示，進一步的研究不應只針對厭惡不公，還應該研究「不公平的吸引力」。

或許我們不應該大驚小怪。我們自己也常常被「不公平」吸引。「確實，成年人時常與別人比較，也有證據顯示，成人特別喜歡擁有比較優勢，」旭斯金與同事觀察。如果看到孩子有這般表現，我們不應該急著批評。但你也不必失望！人類還是有希望的，讓我們仔細研究布雷克與麥考利夫的文獻。

這篇文獻有個讓人驚訝的不科學標題：「我擁有的東西太多，看起來真不公平。」自一九八〇年代起就有實驗顯示，成人會竭盡全力避免不公平的結果，他們不只抗拒自己拿的比別人少，也拒絕拿的比別人多。所以兒童的態度，必然在逐漸成年的過程中出現變化。如果我們要鼓勵孩子分享，或是公平對待朋友、手足以及我們，就要知道何時運用父母的鼓勵最有效，當五、六歲孩子覺得拿的比別人多很棒時，我們不論說什麼都沒有太大用處。

布雷克與麥考利夫做了一個試驗，讓孩子決定要接受或拒絕分配糖果的方式，而分配的對象是個他完全不熟悉的人。布雷克與麥考利夫刻意挑選陌生人，避免過往的關係影響選擇。研究顯示，過往關係可能促使孩子分配的更公平，或是更不公平。孩子知道，這實驗有父母與其他人在旁觀看。實驗被設計為最後通牒賽局：如果對方拒絕這不公平的分配，兩個孩子什麼也得不到。

當八歲小孩得知糖果的分配不均，即使他分到比較多，也會拒絕接受。他們寧可一顆糖果都不拿，也不接受不公平的分配。

為了維護公平，願犧牲對自己有利的分配

「這實驗第一次證明，當孩子與陌生人在一起時，會為了維護公平，放棄自己的利益。」布雷克與麥考利夫寫道。八歲小孩才開始有這樣的思維。年紀小的孩子會接受自己得到大份的分配，但當孩子到了八歲就有了不同的判斷。「面對陌生的同儕，孩子為了維護公平，會願意犧牲相對大的犒賞。」換句話說，八歲是開始展現公平意識的年紀。

也是這個年紀，身為父母的我們可以好好引導孩子建立正確的價值觀，因為孩子在意我們的觀感，而且他們已經能夠了解什麼是不公平。即使這個不公平對他們是有利的，為了維護公平，他們開始願意犧牲對自己有利的分配。

現在，讓我們回頭看紐約大學教授布萊姆斯與泰勒的研究，本書第一章「我切你選」的概念就是源於他們的研究。布萊姆斯與泰勒的研究，讓我們想起一個孩子在運動場使用的公平分法：輪流選球員。當兩個隊長要從一群孩子中選隊員，都是一個人先挑一位，另一個再從剩下的人中挑一位。孩子把它稱

之為「選邊站」。

雖然這對最後才被選上的孩子而言有些殘忍，卻不失為公平分配資源、讓兩隊實力旗鼓相當的好辦法。

當然，這做法有個問題，就是誰有先選權。先選的那一隊可以是極大的優勢，尤其當其中有一個孩子明顯比其他人會打球。如果這孩子不是隊長，每次一定是第一個被挑走的，而後選的隊長就很難扭轉對手的優勢。「即使用擲銅板決定誰有先選權，好像很公平，事實上先選的那一隊可能占了得天獨厚的優勢，」布萊姆斯與泰勒寫道，「兩隊的實力被機運左右，大大影響了輪流選隊員的公平性。」

為了改善公平性，布萊姆斯與泰勒提出了平衡輪流法。在最簡單的情況下是如此運作：以分配圖書為例，假設有個朋友或親戚，他的孩子長大了，於是送你一箱他們已經不讀的書。你的孩子堅持不要共享所有圖書，而是各自擁有自己的書。此時，讓你的女兒先挑一本，然後兒子挑兩本，最後女兒還能挑一本。順序是女兒、兒子、兒子、女兒。兩個人都能拿到兩本書，但女兒有先選優勢，而兒子可以連選兩本。

當孩子在分配萬聖節糖果，或是星際大戰的公仔時，也可以採用這個平衡輪流法，以達到公平分配。

當物品數量增加，輪流就變得有些複雜。當你有八本書要分配，前四本是女兒、兒子、兒子、女兒，後面四本你可以重複一次這順序，或改為兒子、女兒、女兒、兒子，讓分配更公平。

然而，不論單純的輪流法或是平衡輪流法，都無法一體適用在所有我們想要公平分配的事物上。有可能選完了之後，孩子又開始嫉妒對方拿到的東西。所以，這些方法還不一定能夠解決嫉妒的問題，也沒法保證最後的分配是完全公平的。

問題還沒有徹底解決。

調整贏家法，誰都不必嫉妒

布萊姆斯與泰勒想出了另一個可以符合所有公平標準：不引起嫉妒、有效率且均衡的策略。他們稱之為「調整贏家法」。在調整贏家法中，參與的兩人都要為他們想要分配的物件標上代表價值的點數。

在採用調整贏家法時，必須使用黑板並運用一些數學。假設兩個十來歲的兄妹要分配一堆東西，包括 **iPad**、耳機、幾支吉他、一堆樂譜與爵士鼓。兩個人都有一百點可以「花費」在他們想要的東西上。兒子可能會給最喜歡的吉他二十點，然後把剩下八十點分在其他東西上。女兒可能只給吉他十點，但給 **iPad** 二十點。依此類推。

第一步是兩人都能得到自己標上最高點數的物品，像是兒子拿到吉他。下一步，就要開始用算數。當第一步結束，兒子可能已經贏得價值六十五點的東西，女兒可能只得到五十點的東西。這樣可不公平。利用數學，可以把一些物品再細分，讓兩者獲得等值的東西。做法可以像是，把樂譜分成兩疊，而非全部給兒子或女兒。

布萊姆斯與泰勒的調整贏家做法，原本用在解決國際爭端、離婚，以及分配財產上。這做法雖然複雜，但很完善。如果你願意花時間執行，或是這對孩子非常重要，調整贏家法絕對值得一試。它連在外交上都用得成，何況是用在孩子身上？

對家長而言，我們都想教導孩子明辨是非，並加強他們的公平意識，但短期而言，多數家長的第一要務還是維持家裡的和平。

新教養觀點，讓孩子學雙贏

- 如果你要分配大量不同特性的物件（如圖書、玩具或隊友），可以採用調整贏家法。
- 當分配物件時，試著分配到人人都滿意，沒有任何人傷心，才是帕雷托最優境界。
- 在教導孩子建立公平意識時，確保他們玩的是最後通牒賽局，而非獨裁者賽局。
- 公平意識需要花時間培養，如果孩子沒辦法馬上明白，請保持耐心。
- 教導孩子將心比心，讓孩子避免自利的偏誤。

CHAPTER

4

你是開玩笑的吧！

如何讓孩子把你告誡的話聽進去？

首先，你必須言出必踐，才會讓人信服，

此外，懲罰的時機點要抓緊，

當孩子有不當行為，

懲罰的時間不能隔太久。

對年幼的孩子來說，未來實在太遙遠。

以下情景，對你來說是否很熟悉？

父母坐在休旅車前座，孩子坐後座，家庭旅行即將展開，一開始一切順利，但就在開上高速公路之後沒多久，後座傳來尖叫聲。茱莉又在欺負弟弟史蒂芬了！

要激怒小史蒂芬實在太容易了，茱莉總是忍不住要去惹他。這次她決定用不同的方式捉弄他。每當看到一台銀色車，她就用力戳史蒂芬一下，讓他哇哇大叫。幾乎每隔幾分鐘就來一下。爸爸試著阻止，但徒勞無功。最後爸爸生氣了，下了最後通牒：「妳再不住手，我就把車開回家，不去玩了！」

茱莉確實被爸爸嚇到了。她從很久以前就期待這趟旅行，所以馬上住手不再捉弄弟弟。但幾分鐘過後，茱莉就想到：「爸爸為了這次旅行已費了不少心力，花了不少錢。昨天爸爸才又說到，他自己多需要這次休假。他真的會因為我戳弟弟幾下，就放棄這個難得的假期嗎？」茱莉盤算了一下，覺得應該不會！於是又忍不住動手戳了史蒂芬幾下。

德西蕾是個看太多ＭＴＶ節目的青少年，她的父母多次嘗試要她關掉電視，可惜都徒勞無功。她的父母最後孤注一擲，威脅要停掉有線電視節目。但德西蕾看穿了這個威脅，她的父親是個超級籃球迷，有線電視剛新增運動節目頻道，他絕對不會停掉有線電視，所以德西蕾把老爸的威脅拋諸腦後，依然瘋狂收看最新的青少年實境秀。如她所料，家裡的有線電視並沒有因此被停掉。

威脅必須可信，才有嚇阻作用

這兩則故事裡的家長，都犯了一個典型的錯誤，賽局理論家稱為「不可信的威脅」。

不可信的威脅就如同虛張聲勢，根本不可能執行。你或許早已熟知「說到做到」的重要，幾乎每本育兒書都強調這點。但賽局理論家抱持不同的觀點，要求你說到做到，不會讓「做到」變簡單。

相反的，賽局理論家會建議你，抱著說到做到的心態來設計懲罰規則。你提出的威脅，必須自己願意執行（或至少看起來你要做的話，馬上做得到）。

這麼做會讓威脅一開始看起來就很可信，而且真的要做時，你也做得到。

可信的威脅必須是你願意說到做到的事，一旦真的執行對你也沒有（太大）影響，你必須能言出必踐，才能維持一貫可信的形象。當你的威脅可信，往往還可以減少你懲罰孩子的次數。在前面兩個案例中，即便爸爸願意因為茱莉不規矩的行為取消旅遊活動，但在茱莉看來，他不會這麼做，所以她把威脅拋諸腦後。

有趣的是，當你的威脅看起來合理可信，反而不需要真的執行。如果茱莉認為爸爸會說到做到，她就會收斂行為。當然，不是所有孩子都能想那麼遠，更年幼的孩子還不具備理性控制自己的能力，不過對大一點的孩子，可信威脅往往能奏效。這種威脅讓你在必要時容易執行懲罰，如果做得好，你根本用不著懲罰。

可信與不可信威脅第一次成為賽局理論術語，是拜德國經濟學家暨諾貝爾獎得主澤爾騰（Reinhard Selten）之賜。基本概念在於：該執行的時候，你願意執行，才算得上是可信的威脅。

當你的威脅看起來合理可信，
反而不需要真的執行。

澤爾騰用一個簡單的連鎖店賽局為例說明，想像一個小城鎮上只有兩家速食餐廳，一家是阿班的漢堡店，一家是珊蒂的三明治店。

他們將小鎮一分為二，阿班在東邊，珊蒂在西邊。珊蒂想要擴大經營，於是她開始調查是否要在城東開一家珊蒂三明治店，地點就在阿班的地盤上。珊蒂心想，她在東邊開店可以瓜分阿班一半的生意，若不大幅降價，雙方都還能賺錢。但很顯然，阿班的生意會大受影響。珊蒂也知道阿班缺乏資金，無法在西邊開店，所以不用擔心他以牙還牙。

阿班得知珊蒂的計畫。「千萬別這麼做！如果妳來我這一區，我會發動價格戰，對妳我都不利。妳會後悔自己做的決定！」他大喊。

但珊蒂知道阿班手上資金有限，他沒法擔負價格戰的成本。若珊蒂在東邊開店，阿班有兩個選擇：發動價格戰，然後自己做不下去（在過程中也讓珊蒂賺不了錢），或是接受珊蒂來他的地盤開店的事實。珊蒂也知道，儘管阿班憤怒咆哮，他不是那種會為了洩憤而摧毀自己事業的人。珊蒂要是展店，阿班只能痛苦的接受。

賽局理論把這種情況，畫成圖一。先從圖一頂端開始，珊蒂要決定多開一家分店，或是不去涉足阿班的地盤。如果她不涉足（沿右下方進行），結果是：雙方各自擁有該鎮一半的市場。如果走另一條路，決定進入新市場（沿左下方進行），阿班就要選擇跟珊蒂打價格戰（這麼做將是兩敗俱傷），或選擇接受珊蒂在東邊開店（一部分市場被珊蒂瓜分）。

逆向歸納，助你找出最佳策略

賽局理論之父范紐曼與摩根斯坦建議，可以用「逆向歸納法」來解決這個局面。在逆向歸納法下，不是從珊蒂的決定開始思考，而是從阿班的行動開始設想。暫且忽略導致現狀的原因，先假設給阿班一個簡單的選擇：他要關門大吉，還是與珊蒂對分市場，但仍有個賺錢的生意。阿班要選哪一個？

答案很清楚：阿班仍希望繼續做生意，而珊蒂只需要回答一個簡單問題：她希望擁有更多市場嗎？這決定也很簡單。（見圖一）

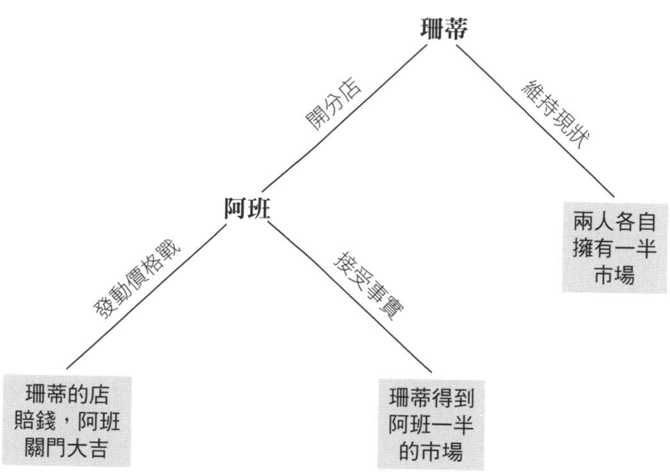
珊蒂
開分店
維持現狀
阿班
兩人各自
擁有一半
市場
發動價格戰
接受事實
珊蒂的店
賠錢，阿班
關門大吉
珊蒂得到
阿班一半
的市場

圖一　珊蒂與阿班的賽局

現在，我們修改一些假設，讓珊蒂從不同角度思考阿班的行動。若阿班有資金可以在珊蒂的地盤上開店，故事會有什麼改變。若阿班可以跟珊蒂說，「若妳在我的地盤上開店，我就到妳的地盤開店。」故事將有截然不同走向。阿班要是能夠做出可信的威脅，而這個威脅的行動對他有利，整個局勢將會扭轉。阿班訴諸威脅會比直接放棄有利，若阿班有充足的資金，就能依此威脅珊蒂留在自己的地盤。

這樣修改故事，讓我們知道如何讓威脅可信，你也可以如法炮製。身為家長，「威脅」必須是你在必要時刻，願意採取的行動。在剛才案例中，爸爸不應該威脅取消全家旅行，而應該直接威脅茱蒂，要把茱蒂最喜歡的活動換成他喜歡的行程。像是把早上看卡通，改成全家去逛美術館。在這情況下，茱蒂知道，如果自己再搗蛋，爸爸就真的會懲罰她，所以不要激怒弟弟才是上策。（見圖二）

爸爸的威脅很可能成真。如果依照剛才提到的方式，從末端回推，會發現爸爸很樂意懲罰茱莉。畢竟，爸爸喜歡逛美術館遠勝於看卡通。所以茱莉會推

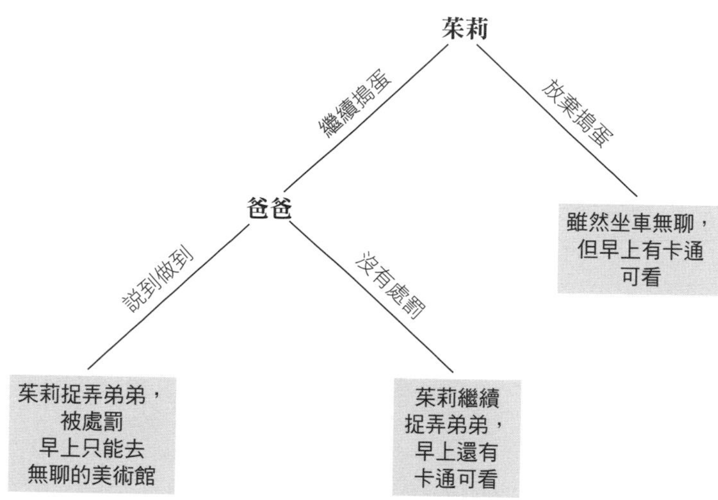
茱莉
繼續搗蛋
放棄搗蛋
爸爸
雖然坐車無聊，
但早上有卡通
可看
說到做到
沒有處罰
茱莉捉弄弟弟，
被處罰
早上只能去
無聊的美術館
茱莉繼續
捉弄弟弟，
早上還有
卡通可看

圖二　茱莉與爸爸的賽局

論，如果她再不乖，爸爸就會帶他們到無聊的美術館。對茱莉而言，最好的選擇是停止欺負弟弟，這樣她才能看卡通。因為爸爸的威脅真實可信，他根本不需執行，茱蒂就會乖乖聽話。

不過有時候，很難以你想做的事（如逛美術館）做為威脅。懲罰孩子不是件讓人開心的事，有時也不必要。另一個選項，是威脅要做一件對你沒什麼損失的事。凱文有個朋友，他的兩個女兒共用一個房間，常常聊天到深夜。當她們聊個沒完，這位爸爸就會威脅要讓其中一人換房間。這個威脅很管用，不是因為爸爸喜歡她們睡不同房間，而是因為這麼做，對他沒有什麼損失，還能達成他想要的目的——安靜。所以孩子都相信爸爸會這麼做。

推出你的末日機器

有時候，唯一可行的威脅，是你不想做的。你可能不想取消看電視時間或讓孩子禁足，但有時那是唯一有效的懲罰。此時，要怎麼讓威脅看起來可信？

選一個對你有利或至少沒有損失的事做為威脅，
有助於你取信孩子真的會說到做到。

賽局理論家的解決方案是：你必須設法做出「預先保證」（pre-commit）。

讓我們回頭想想阿班漢堡店與珊蒂三明治店的故事：珊蒂威脅要在阿班的地盤開店，而阿班打不起價格戰。假設阿班打電話給律師並擬出一份合約，若珊蒂開了新店，律師有義務要發動價格戰，不論這麼做對阿班的事業有什麼影響。阿班已經預先支付酬勞給律師，所以律師必然會履行合約。之後（這也是最重要的部分），阿班寄了一份合約副本給珊蒂；這份合約就如同電影「奇愛博士」中的末日機器一樣，一定要讓對方知道它的存在，這是一旦對方發動攻勢，你一定會反擊的證明！

由圖三可知，阿班如何改變他與珊蒂的形勢。

阿班先發制人，給了珊蒂重重的一擊。依據逆向歸納法來看這個案例，從最後一步的行動開始，這次主角換成珊蒂。珊蒂必須決定要開一家會虧錢的店，或是放棄開店計畫，固守原本的市場。很顯然，她不會想開一家注定失敗的店，所以不會考慮這個選項。

再往前推，阿班必須選擇是要請律師履行合約，或是把合約扔進垃圾桶。

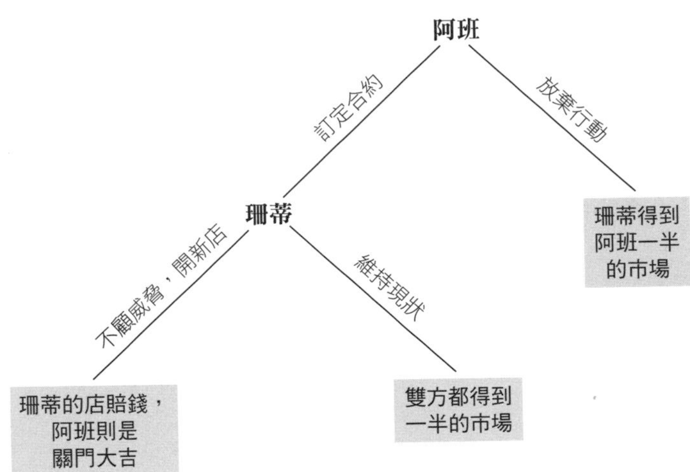
阿班
訂定合約
放棄行動
珊蒂
珊蒂得到
阿班一半
的市場
不顧威脅，開新店
維持現狀
珊蒂的店賠錢，
阿班則是
關門大吉
雙方都得到
一半的市場

圖三　阿班與珊蒂的賽局

很顯然，阿班為了有效阻擋珊蒂進入自己的地盤，他最好與律師簽署合約。如此一來，阿班就能讓珊蒂相信，他的威脅不是空穴來風。

你要如何打造自己的「末日機器」？你可能不知道，自己早就有好幾台。例如許多學校對於學生參加球隊或玩樂團，都有嚴格的成績要求。懲處是自動執行，沒有轉圜餘地。

你也能發展出屬於自己的新保證策略。例如對另一個孩子或家長做出承諾，就有末日機器的效果。本章開頭提到的案例中，爸爸如果告訴茱莉，她再戳弟弟一次，接下來旅程中，就都由弟弟史蒂芬挑選播放的音樂。即使爸爸對史蒂芬喜歡的音樂毫無興趣，但當他在史蒂芬面前做出承諾，等於打造一台末日機器。茱莉知道，如果爸爸沒有說到做到，一定會遭到史蒂芬的抗議抱怨。

父母或照顧者可以利用彼此做末日機器。媽媽可以對爸爸說，如果史蒂芬表現不好，爸爸就能獲得晚上電視的轉台權。由於媽媽在兩人面前做出承諾，史蒂芬知道媽媽必須信守承諾，只要他表現不佳，就會懲罰他，即便她也不喜歡爸爸看的頻道。

維持信用很重要

除了提出你樂意執行的威脅，打造「預先保證」外，還有一件事可確保威脅有效，那就是建立你的信譽。父母與孩子的互動，不是一次定江山，類似場景總會重複上演。當你建立起言出必踐的信譽，威脅就會令人信服。今日的威脅必須說到做到，明日的威脅才具有說服力。

哲學家霍布斯（Thomas Hobbes）在他的名著《利維坦》（*Leviathan*）中指出，違背承諾的人將後悔萬分，因為他們將被社會排擠，也會因為不值得信任而蒙受損失，「失」將遠超過「得」。

相信我們，我們可以用數學的形式，呈現霍布斯所言的重要，我們用數學公式分析信譽，以及威脅的成本與利益後，發現很重要的一點：未來可信度帶來的好處，必須大過短期的執行成本。若爸爸要對茱莉做出一個可信的威脅，必須符合兩個狀況：一是執行威脅的成本不高，另一是這麼做對他建立「說話算話」的形象有加分。

今日的威脅必須說到做到，
明日的威脅才具有說服力。

我們現在可以明白，為什麼爸爸說要掉頭回家的威脅沒有效。取消家庭旅遊成本太大，爸爸不會因為想維持言出必踐的形象，而真的去執行，茱莉也明白這點。

賽局理論家找出了幾個有效懲罰必備的重要元素。懲罰對孩子帶來的成本，必須大於頑皮帶來的好處。這聽起來理所當然，卻常常搞砸，因為我們往往都是從家長的觀點，來思考自己對懲罰與獎勵的反應。

賽局理論要我們不要這樣思考，而是要從抉擇者的觀點思考成本與利益。家長往往很容易從大人的角度來思考孩子的選擇。我們須謹記，懲罰的後果必須從受罰者的角度衡量。

懲罰另一個必備元素是，孩子表現不當行為與接受懲罰的時間，不能隔太久。對年幼的孩子而言，「未來」太過遙遠，他們往往無法想像未來的情況，甚至認為懲罰會發生在別人身上。即使年紀較大的孩子，也很難想像數年後發生的事。恐嚇說：「你這樣上不了大學！」或「你這樣永遠找不到工作！」一點效果也沒有，孩子思考未來的方式與成年人截然不同。我們會在第八章中，討論如何引導孩子更能從未來著眼。

剛剛談到的懲罰原則，也適用在獎勵上。獎勵必須符合跟懲罰一樣的要素，才能鼓勵孩子遵守規則或在學校表現良好。獎勵必須可信，所以說會送一匹小馬做獎賞往往無效，至少第二次就無效，而且獎賞帶來的效益，必須超過調皮行為帶來的快樂（想想孩子在捉弄手足時有多快活）。

就如懲罰，如果獎勵太晚才出現，往往就變得無關緊要。你的女兒可能願意為了馬上吃到冰淇淋，放棄玩十分鐘的電動玩具，但若是下個星期才能吃到冰淇淋，她可能寧願選擇玩電動。大人樂意放棄當下利益換取下週的獎賞，但孩子往往不是如此。

事實上，賽局理論家很少把懲罰與獎勵區隔開來，因為它們常常是一體兩面。爸爸會用「不陪孩子玩」懲罰女兒的不乖行為，還是會以陪女兒玩，來獎勵她的優良表現？把行動做為懲罰或獎勵，孩子在解讀上有極大不同，賽局理論研究者稱之為「行為賽局論」。

獎勵比懲罰更有效果

心理學家特沃斯基（Amos Tversky）與康納曼（Daniel Kahneman）發現，人們往往用不同方式思考「獎勵」與「懲罰」。他們在一個著名的實驗中，特沃斯基與康納曼告訴一群自願參與研究的學生以下故事：

假想一種罕見的亞洲疾病即將爆發，美國正在積極應對，這場疾病預料將造成六百人死亡。目前有兩種對抗疾病的方式被提出，兩種方案產生的結果，經準確的科學估計如下：若採用方案A，能拯救兩百人的性命；若採用方案B，有三分之一的機率是六百人全被救活，三分之二的機率是無一倖存。

特沃斯基與康納曼詢問受測者會選擇哪個方案，你也可以停下來想想自己會選擇哪個方案。絕大部分的學生選擇了方案A（保證能救活兩百人的方案），而非方案B（可能全救活，也可能全救不活）。如果你也選A，恭喜，你跟大部分的人一樣。若你選B，也不用愁眉苦臉。你的選擇沒有錯，只是並非多數人選擇的方案罷了。

特沃斯基與康納曼之後又找了另一群學生跟他們講相同的故事，只不過主角是病毒，這次他們給了受測者兩個截然不同的方案：

若採用方案C，會有四百人死亡；若採用方案D，有三分之一的機率無人死亡，三分之二的機率所有人都活不成。

你會選擇哪個方案？當研究人員用這個方式描述兩種選擇，大多數的人選擇了方案D。但想想：A與C其實是一樣的方案，B與D亦同。但在第一個案例中，研究人員用的詞是「拯救」，但在第二個案例用語變成「死亡」。特沃斯基與康納曼發現，當我們以好的結果（救活人命）來思考，我們傾向不要冒險；但當我們以壞的結果（造成死亡）來思考，我們寧願冒險，因為至少有機會可以完全避免壞的結局發生。

重塑說法，讓孩子不會冒險使壞

特沃斯基與康納曼多次測試都得到同樣結果，對小孩也不例外。賽局理論

與其威脅「若你在餐廳吵鬧就沒有冰淇淋吃」，
不如說「若你表現良好就有冰淇淋獎勵」。

家威勒（Joshua Weller）與團隊想測試小孩與大人對於風險衡量的不同，於是給了孩子兩個選擇，一是肯定的獎勵（二十五美分硬幣），另一是可能得到多個硬幣，但也可能什麼也得不到。不論描述的方式是用正面或負面，年幼的孩子往往會選擇冒險。但當孩子慢慢長大，他們就會跟成年人一樣，不會想冒失去獎勵的風險。當他們長到十八歲，選擇模式就會跟特沃斯基與康納曼的研究一模一樣：寧可為了避免損失而冒險，而不願為了多得而冒險。

在深入了解這些研究對懲罰與獎勵的解釋前，讓我們先看另一個案例。十六歲的提姆，剛取得汽車駕照，他很想找個理由開家裡的車出外兜風。就如許多青少年，提姆也喜歡和朋友廝混，做一些不危險，但足以讓父母接到鄰居抗議電話的惡作劇。當然，有時候提姆沒被抓到，也安然脫身。當母親威脅他若搗蛋就不能開車，提姆就面臨了懲罰的壓力，也就是特沃斯基與康納曼理論中的「損失」。

特沃斯基與康納曼的研究認為，提姆可能願意冒著被處罰的風險，心想「我或許不會被抓到」。但若母親的說法是，若提姆不惹麻煩就會「獎勵」

他，讓他開家裡的車，在面對的是「得」時，提姆就比較不願意去冒險。他會想：「我有可能被抓到！」

通常懲罰可以被包裝得像獎勵一樣，我們建議在面對孩子時，多採用獎勵而非懲罰的說法。例如，與其威脅「若你在餐廳吵鬧就沒有冰淇淋吃」，不如說「若你表現良好就有冰淇淋獎勵」，藉著重塑說法，孩子比較不會冒險做壞事。

以上這些策略不會在一夕之間就把孩子變成小天使，但利用這些做法，可以化解常見的親子衝突，再加上一點運氣，就能減少你扮黑臉的次數。

新教養觀點，讓孩子學雙贏

- 不論是懲罰或獎勵，都以最不影響你為準則，如果可能，至少讓懲罰看起來像是你樂意去做的事。
- 如果可能，讓威脅變得無可撤回，保證發生。
- 務必讓孩子知道，你威脅的懲罰一定會發生（奇愛博士的原則）。
- 不要因為無法說到做到，破壞了自己的信譽，也不要只仰賴過往的信譽（雖然這次有幫助，下回就會被質疑了）。
- 從孩子的角度思考懲罰與獎勵，想想你的孩子是以什麼方式思考未來。
- 如果可能，把懲罰包裝成獎勵。

CHAPTER

5

狗狗吃掉我的回家作業

你或許早就知道，要孩子不說謊並不容易。賽局理論幫助你輕鬆設下鼓勵誠實，抑制說謊的潛規則。

凱文就如同全世界的中學生，很討厭寫作業。坐在電視前，永遠比坐在書桌前吸引他。為了不要寫練習題，他願意做任何事。然而，凱文的爸媽要求他一定要完成作業。起先，爸媽立的規則是：凱文必須先完成作業，才能做其他事。每天下午，當凱文從學校回到家，爸媽就會問他今天有沒有作業。一開始，凱文會誠實告知有哪些作業，然後乖乖回房間寫作業。但後來凱文發現了其他選擇——謊稱只有一點點作業，這樣就可以早點去看電視。

對於凱文說謊的行為，我們不能歸咎他的父母，但確實是他們創造了一個誘導說謊的環境。凱文必須誠實，父母立下的規矩（要凱文寫作業）才有效。但凱文有不誠實的誘因，他不想照規矩來。

凱文的父母可以有其他做法嗎？他們能設下一個鼓勵誠實，抑制說謊的規則嗎？你或許早就知道，要孩子不說謊並不容易。不過賽局理論可以幫你在一個意想不到的地方找到解答——動物王國。一九六〇年代，知名生物學家史密斯（John Maynard Smith）與深居簡出的天才普萊斯（George Price），把賽局理論應用在細菌到猩猩等生物的行為上。

自然界數百萬年演化下衍生的誠實機制與策略，人類其實可以好好學習。這些做法在螢火蟲或鳥類上奏效，或許你用也有效。

為什麼要欺騙？

許多賽局理論家都發現自然界其實充滿了欺騙。比如，擬態就是一種花稍的騙術。凱文對兩種螢火蟲的擬態最感興趣，大品種的螢火蟲叫女巫螢火蟲，小品種的叫流浪者螢火蟲。小螢火蟲會發出一閃一閃的亮光，來吸引同類交配：雄性螢火蟲會用特定的閃爍節奏來吸引雌性，雌性螢火蟲也會以特定的閃爍節奏來回應。但有時候，大品種的雌性螢火蟲會以特定閃爍節奏，假裝她是小品種的螢火蟲。可憐的雄性小螢火蟲以為找到對象，就會毫無戒心的往大螢火蟲飛去，大螢火蟲因此可飽餐一頓，當女巫螢火蟲把流浪者螢火蟲誘騙過來，就會一口把流浪者螢火蟲吃掉。這真是世上最殘酷的欺騙。

螢火蟲互相欺騙的做法雖然讓人吃驚，但並不令人意外。畢竟，牠們是不同品種的螢火蟲，一種還是另一種的食物。競爭與欺騙本就相生相成。假設吉米與蘿拉是同一個籃球隊的隊員，他們的利益一致，都希望贏球。當兩人有相同的利益，就沒有理由欺騙對方，騙吉米投錯方向，對蘿拉一點好處也沒有。但當他們彼此競爭，就有了欺騙的理由。

若吉米與蘿拉要打一場練習賽，表現好的才會被選入球隊，欺騙就有了極大誘因。吉米有可能在蘿拉該往左跑時，叫她往右跑，當蘿拉表現笨拙，吉米被選入球隊的機會就大增。

過去生物學家認為，同一種族的生物間不會有欺騙問題，因為演化引導動物做「對同族最有利」的事。時至今日，你還會不定時聽到這個說法。演化在解釋所有從戰鬥到交配的行為時，基本概念都是：這項行為能利於同族的成員。但後來生物學家逐漸發現，從動物、植物，甚至細菌，都在和同類競爭，人人都希望比其他人繁衍更多子嗣。

在賽局理論論證的一個早期案例中，美國生物學家泰弗士（Robert Trivers）發現，同族的競爭其實可以一路延伸解釋父母與子女的關係。泰弗士的研究顯示，演化會讓子女屢屢與父母產生衝突，像是父母應該花多少時間、精力與資源在孩子身上。

即便（從遺傳學角度看）父母希望給兩個小孩同樣的注意力，但孩子們各自都會想爭取比對方更多的關注。

你或許早已發現，手足的衝突常讓父母無計可施。吉米或許想用些小技巧，來吸引父母更多的關注。在動物界，爭寵的行為更是複雜，因為許多子女依賴父母的時間並不長。當發現父母想為下一個孩子儲備精力時，孩子往往會阻礙父母的生育大計。

這類親子間的衝突，真的會發生在自然界嗎？白額蜂虎是一種有美麗花色的非洲鳥類，蜂虎爸爸為了讓子女留在家裡照顧弟妹，會阻撓牠們繁衍後代。而且出人意外的是，父親的阻撓有時奏效。而在黑猩猩族群裡，黑猩猩媽媽往往比孩子更早想給牠添個弟弟妹妹。孩子知道若媽媽有了新寶寶，牠就沒機會喝奶了，所以根本不希望媽媽再生。英國動物學家涂定（Caroline Tutin）指出，小猩猩會去騷擾母親的新男友，藉以阻撓牠們交配。不幸的是，孩子的挑撥行為往往徒勞無功。

即使在動物世界，父母與子女對於想做的事，往往也有不同的看法。利益衝突，成為欺騙的誘因。

多數關於欺騙的研究，集中在子女對父母「表達飢餓」的情境上。幼鳥常常與許多兄弟姊妹共居一巢，鳥爸爸鳥媽媽會從外面帶回食物給幼雛吃。每隻小鳥都會跟父母吵著多要一些食物吃（別忘了，每隻鳥只有部分基因相同，手足之間也有利益衝突），儘管鳥爸爸鳥媽媽總會盡力公平分配食物。但因為雛鳥的需求往往多過父母帶回的食物，所以牠們往往會假裝比實際上還飢餓。

孩子往往不這麼想

父母與子女的衝突，遠超越爭食的範疇。你有自己想做的事，不單單想照顧孩子，但這利益就與家中的小不點衝突。

你或許想跟朋友出去，但女兒可能想要你待在家跟她玩拼字遊戲；即使當

當你和孩子想要的東西不同，
孩子就有了說謊的誘因。

你把全副注意力都放在孩子身上，你們對於「該做什麼事」的認定，還是常常不一致。你的女兒可能腦子裡只想著明天或後天要做什麼，但你的考慮往往更長遠。

中學生凱文不想寫作業，因為他覺得作業很無聊。但他不知道，完成作業的好處將在日後出現。寫作業不只能幫助凱文學習數學、歷史與文學，還能幫助他在成為大人時，有辦法完成時常遇到的無聊工作。凱文的父母有先見之明，明白學校作業的未來價值，但凱文完全沒有意識到這點，只覺得弊大於利而不想寫作業。

大人與孩子之間，不只對於未來的重視度不同。我們也知道，孩子往往喜新厭舊，但孩子自己往往不這麼想。十六歲的喬許可能認為他會永遠死忠同一樂團，應該把樂團名字刺青在自己的手臂上。然而喬許的父母知道，可能下個月他就對這樂團不再感興趣，遑論二十年後。

由於父母與子女之間有太多衝突點，你可能會認為無法營造一個鼓勵誠實的環境，說謊難以避免。因為當你和孩子想要的東西不同，孩子就可能傾向用說謊來得到他要的東西。凱文不想寫作業，父母堅持要他寫。不過，只有凱文知道他有多少作業。父母要用什麼方法才能確保凱文誠實？

自然界中有利於欺騙的環境，也有方法確保誠實無欺的溝通。

找出無法做假的跡象

有個與找出說謊線索相關的理論，被生物學家稱為「跡象」（index）。簡言之，「跡象」是一種無法做假的溝通方式。在自然界，許多地方都能發現這種溝通法。

就如美國西南方的沙漠草蜘蛛。由於沙漠的食物非常稀少，蜘蛛在挑選築網的地方時，都非常小心謹慎，而且會積極防禦牠們的築網地盤，不讓外敵入侵。不過，若入侵者比原本的蜘蛛大，小蜘蛛往往會選擇不打架直接逃走。那小蜘蛛是怎麼得知自己打不過對方？從其他蜘蛛接近自己時，蛛網震動幅度就能確認，愈重的蜘蛛會讓蛛網震動愈大，這種溝通方式是無法造假的（至少在蜘蛛學會把石頭放進口袋前是如此）。

現實生活中，父母也時常利用各種跡象來辨別真偽。

一個我們都很熟悉的例子：想要確認孩子是否乖乖把藥吞進去，你要孩子張開嘴巴，把舌頭伸出來檢查。還有許多其他溝通方式，讓孩子很難造假：當你擔心女兒說自己有把玩具收好，其實是把全部東西塞進衣櫃時，可以請她指出玩具收納的地方；當你擔心兒子沒去看電影，而把買電影票的錢拿去買糖果，可以請他給你看電影票根；你是否擔心孩子故意虛報校服的費用，以偷藏差額？可以請他出示購物的發票明細。

當孩子蠢蠢欲動，父母也有應對方式。凱文有個朋友，喜歡趁天黑從臥室的窗戶爬出家門，與朋友廝混鬧事。在成功幾次後，他終於被抓包。他的父母有天晚上起來，發現兒子床上空無一人，於是他們就在房裡等兒子回來，然後立刻罰禁足。但父母擔心，當懲罰結束後，兒子又會故態復萌。他們可不想每晚都爬起來檢查兒子是否在家，但要怎麼做呢？這對父母想出了一個巧妙辦法，只要兒子溜出去就一定會被發現：每天晚上，他們會到門外把兒子的窗戶貼上透明膠帶。隔天檢查膠帶是否還在。如果膠帶還在，就沒有問題。如果膠帶不見，就代表兒子又偷溜出門，應該被懲罰。膠帶就是典型的跡象，是無法造假的。

但有時候，創造跡象並不容易。

就像父母很難禁止凱文謊報作業量，他們或許可以每天打電話問老師，但這麼做問題也不少。這個做法不僅麻煩，長期也有後遺症，像是會造成親子間的不信任感，也無法讓孩子體認誠實的重要。

在發現可以用膠帶確認孩子是否溜出家門前，這對父母用了一個歷久彌新的方法，來鼓勵孩子誠實：懲罰說謊行為。懲罰不僅對人類奏效，在自然界也常有類似的應用。

許多鳥類都會長出特別顏色的羽毛，來標示牠們的社會地位。像是雄性麻雀會在喉嚨部分，長出黑色的羽毛標記，標記愈大，表示牠的地位愈重要。每年雄性麻雀都會利用換毛的時刻，長出新標記來彰顯自己的新地位。丹麥生物學家慕拿（Anders Møller）曾用墨水偽造標記，讓幾隻鳥的標記比原本大，來

重點不在於你是否真的可以抓到孩子說謊，
而在於他們相信你會抓到。

使其他鳥以為牠們地位升高。結果當慕拿把這些「不誠實」的鳥放回鳥群，牠們立刻遭到其他鳥的攻擊。這些鳥因為不誠實的假標記受到懲罰。可見麻雀可以察覺誰在說謊，而生物學家至今都不明白牠們是如何做到。

要懲罰孩子的說謊行為，你也必須要有察覺的辦法，畢竟你不能懲罰自己沒看到的行為。如果難以完全監控，就要讓懲罰確實可信且有效，別忘了第四章所述關於有效懲罰的要件。懲罰必須可信，你願意執行，或是已經預先保證（一旦發生就沒有其他選擇，只能執行），而且在孩子的眼中，懲罰帶來的損失必須大於說謊得到的利益。如果禁足不痛不癢，愛惹事的小鬼頭就會繼續溜出家門，因為他願意為整夜玩樂被禁足。

還有如果你想用懲罰或獎勵讓孩子誠實，孩子必須要擔心被抓到，而且知道抓到一定會被懲罰。不能只有你認為會抓到，他也要有同樣的認知。事實上，重點不在於你是不是真的有抓到孩子說謊，而在於他們相信你會抓到。如果父母對凱文說，他們會知道他的成績，或是會在下次家長會詢問老師他寫作業的情況，懲罰的威脅就有更高可信度。

當孩子相信你背後長眼睛、他們做什麼都會被發現後，你要採用懲罰還是獎勵策略？根據賽局理論，只要符合我們之前所述的要件，不論懲罰或獎勵都可以。此外，還有個眾所周知的有效懲罰：不再相信孩子說的話，就像《伊索寓言》裡放羊孩子的故事。

放羊的孩子被懲罰，但他得到的懲罰不是沒晚餐吃，而是被忽視。想要這懲罰有效，必須是未來被忽視的代價，大過今日調皮帶來的好處。在放羊孩子的故事中，他只是在今日多得到一些注目，結果導致日後失去了所有羊群。他並不知道未來要付出的代價遠超出當下的歡樂，於是選擇繼續說謊，當他知道後果時，為時已晚。

可惜的是，這項懲罰在現實生活中並非永遠奏效，因為對孩子來說，與不確定的未來相較，當下說謊的好處太大，導致「以後沒有人會相信你」的威脅有可能會失效。也或許這項威脅的可信度沒有那麼高，是因為孩子認為父母不可能對他置之不理。因此，最終只有在完全監控，孩子知道說謊一定會被發現的情況下，威脅懲罰或允諾獎勵才會有用。

改變誘因，
讓孩子沒有說謊的動機。

然而，當他們認為情況不是完全監控、覺得自己不會被抓包時，就很可能會選擇說謊。就像凱文認為隱瞞作業不會被發現，即便後來他得承認自己無法解釋為什麼成績一團糟。

在不是完全監控的情況下，孩子是否誠實很重要，但當我們無法隨時監控孩子的行為，不知道他們是否說謊時，又該怎麼做？這看起來讓人束手無策，難道我們只能祈禱孩子據實以告？但事實上，自然界已找到了一些解決方法，可供我們借鏡。

斷絕說謊的好處

第一個辦法最有效：改變遊戲規則。你有兩個做法：降低說謊的好處，以及增加誠實的益處。讓我們以海鳥白腰叉尾海燕為例說明，這種鳥生活在太平洋與大西洋北方的島嶼上。就如許多鳥類，白腰叉尾海燕也會在捕魚後，帶回鳥巢餵食幼雛。白腰叉尾海燕不會頻繁餵食幼雛，通常每餐要隔上三天。（下次你兒子喊說肚子餓時，告訴他這種鳥的故事！）但與其他鳥類不同的是，白腰叉尾海燕「決定」完全忽視幼雛討食的行為，隨機決定餵食順序。這表示，若白腰叉尾海燕的幼雛對父母假裝飢餓，一點好處也討不到。

我們不是要你完全忽略孩子的行為，至少不是現在。但我們可以從白腰叉尾海燕獲得啟發，父母改變了誘因，所以孩子沒有說謊的動機。你要如何運用這個策略？

就如凱文的作業，父母可以斷絕所有他說謊能得到的好處。在被蒙蔽幾個月後，凱文的父母與老師見了面，發現凱文沒有誠實告知自己的作業量。父母了解到，不能輕信凱文每晚告訴他們的作業量。於是，他們要求凱文每晚花兩個小時復習作業，即便凱文說那天完全沒作業，父母也要他溫習功課或是做額外的數學練習題。因為說謊無法讓凱文更快看到電視，說謊的誘因也就自動消失了。

要鼓勵誠實，除了降低說謊的好處，另一個做法是降低因為誠實所需付出的代價。假設媽媽工作一整天回家，發現客廳的花瓶不翼而飛。她問兒子伊森花瓶在哪裡，伊森搖搖頭說不知道。這時，媽媽就有點擔心了，是伊森打破花瓶，卻害怕被懲罰，所以謊稱不知嗎？

許多家長可能早就知道要怎麼做：跟伊森解釋，如果是他打破花瓶，他不會受到懲罰。若他據實以告，媽媽會很開心。伊森可能一時不會相信媽媽說的話，但若媽媽表現得很篤定，伊森或許就會坦承。在媽媽說明情況前，伊森會擔心，如果他講實話（自己打破花瓶），麻煩會很大。但當伊森了解媽媽不會生氣，就沒有說謊的必要。這個做法降低了伊森講實話的代價，所以奏效。他不用擔心負面後果，盡可如實以告。

你也可以用其他方式，讓孩子從誠實得到更好的結果。父母可以藉著降低懲罰或給予獎賞，來鼓勵誠實的行為。有些父母會承諾，若孩子馬上承認自己的錯誤，可以減輕懲罰。父母也可以在孩子說實話時，直接給予獎賞，比方額外的電視時間。

在談到最後一個確保孩子誠實的機制時，我們要再一次回到自然界，以最炫目迷人的美麗生物之一孔雀為例。

長久以來，孔雀一直是眾人驚嘆的對象。幾千年來，雄孔雀華麗的尾巴，一直被當做財富的象徵。人們不斷猜測這過度華麗、但實際用處有限的尾巴，究竟源自何處。古希臘人認為，是善妒的天神希拉把這尾巴賜予孔雀。希拉有個擁有一百隻眼睛的怪獸僕役，名為阿格斯。她要機警的阿格斯去看守老公宙斯的愛人伊娥。宙斯為了放出伊娥，就派信使神赫密士誅殺了阿格斯。希拉既悲傷又憤怒，於是把阿格斯的眼睛放在她最愛的鳥——孔雀身上，用來紀念這位忠心的僕人。

自從達爾文的《物種原始》（*Origin of Species*）在一八五九年出版後，已經很少人用神話故事來解釋這自然奇觀，但是關於孔雀尾巴的謎團卻不斷擴大。若它不是出自神祇的突發奇想，鳥兒怎麼會演化出如此浮華誇張的尾巴？達爾文發現，雄孔雀會用尾巴吸引異性。但為什麼雌孔雀會在乎尾巴呢？為什麼雌孔雀會喜歡擁有華麗尾巴的雄孔雀，尾巴不就只是無用的沉重裝飾嗎？

對於孔雀尾巴的功能，有幾個可能解釋，但沒有確切證據證明何者為真。讓我們先來談談其中一個熱門的理論「不利條件原理」（**The Handicap**

Principle），並想想它在兒童界與賽局理論上的應用。

「不利條件原理」是由一對生態學家夫妻阿莫茨（Amotz）與扎哈維（Avishag Zahavi），在研究野生動物行為多年後提出的理論。該理論指稱，尾巴是雄孔雀向雌孔雀展示健康的工具。在孔雀界，雌孔雀對擇偶很挑剔，牠們只跟少數素質佳的雄性交配。相反的，雄性呢，嗯，你也知道，對大多數雌孔雀都感興趣。雄孔雀有多個方式能成為「高素質伴侶」：更強壯、行動更快、更聰明、比其他潛在對手更健康。由於許多特質都會遺傳到孩子身上，雌孔雀傾向選擇素質好的雄孔雀，這樣才能繁衍出優良的子嗣。因此，雌孔雀會仔細搜尋，試著分辨出誰有好品種，誰只是虛有其表。

如你所料，這個情況賦予不誠實極大的誘因，素質較差的雄孔雀會想讓雌孔雀誤以為牠品種優良。在雌性很挑剔的物種，就特別有說謊的誘因：雄性沒辦法「告訴」未來伴侶自己有多健康，只能仰賴精緻但礙手礙腳的尾巴做信號，只有優秀的雄孔雀能扛得起它。

扎哈維認為，孔雀的華麗尾巴扮演的正是「誠實的信號」。這個華麗尾巴不論是養成、移動或開屏展示，都要花費雄孔雀極大精力，而且在大尾巴的拖累下，更難逃避獵食者的追捕。雄孔雀費盡千辛萬苦，就是要讓雌孔雀知道自己高人一等。

在扎哈維提出他們的理論後，一些生物學家就用賽局理論的語言，賦予「不利條件原理」可以數學計算的精準度。（扎哈維對數學沒有太感興趣，但沒關係，賽局理論家很喜歡！）這些數學模型顯示，該理論在某種程度上，是非常合理的。但唯有當健康雄孔雀在養成、維護巨大尾巴的成本上，比不健康的孔雀低，這理論才成立。比方說健康的雄孔雀可能容易取得很多食物，所以能把多餘的卡路里用在巨大尾巴上。或是牠很擅長躲避獵食者的追捕，所以不必擔心被尾巴拖累速度。反之，瘦弱的雄孔雀可能食物不多，所以沒有多餘的能量可用在尾巴上，也有可能牠需要動作非常迅捷，才能免於成為獵食者的晚餐。如果牠為了膨脹自己的能力，不顧一切的養成大尾巴，很可能在找到伴侶前就嗚呼哀哉。

有些賽局理論家認為，不利條件原理並非扎哈維認定的萬靈丹。然而，它能給你一些靈感，你可以找方法，讓孩子為不誠實行為付出高昂代價。

追問細節，讓說謊的成本大增

有個促使誠實的常見方式，你或許已經知道：詢問細節。當懷疑孩子說謊時，透過問問題，往往能確認孩子是否誠實。從一開始就編故事，往往要付出極高代價，畢竟說謊比坦承更困難，因為說謊很花腦力，孩子需要運用想像力，而講實話只要回想過去發生的事即可。編造故事很花精力，尤其對不常做假的小孩更是如此。

你問愈多問題，說謊的孩子就需要費更多心力去創造一個沒有破綻的謊言，也讓說謊的代價更沉重。

假若凱文說當天沒有家庭作業，父母可以追問更多細節：他的幾何課學得怎麼樣？那物理課呢？什麼時候會有下次的作業？上次考試成績怎麼樣？如果凱文說的是實話，所有問題都能輕易回答，但如果他說謊，就要確保每個答案沒有跟他編的故事相互矛盾，而這些都很花腦力。

若只是小事，說謊要付出的麻煩代價，可能會讓孩子馬上打退堂鼓，即便孩子知道說謊可能可以瞞過父母。

只追問一次用處不大。你必須讓自己養成問問題的習慣，讓孩子知道必須面對一連串問題的砲轟。他必須要花時間準備，想一個天衣無縫的故事才騙得了你。如果說謊只是為了少做幾件家事，他可能寧可做家事。說謊要付出的代價必須大過說謊的好處，在說謊好處不大下，問一連串問題這個策略很有效，但若這彌天大謊帶來的利益極大，很可能就起不了作用。

你也可以用其他方式，加重說謊的代價。凱文因為父親到德國工作，十歲時曾在德國住了幾個月。凱文很討厭他的學校，於是為了逃避上學裝病。父母一開始不敢把凱文的說法當耳邊風，但幾個星期下來，他的父母發現，凱文在週末從不生病，於是開始起疑。這時，不利條件原理可派上用場。若他們增加凱文留在家中的成本，凱文就失去欺騙的動機。比方，父母可以對凱文說，因為他週間沒去上課，週六必須留在家裡寫作業。凱文或許會發現，當他真的生病時，留在家裡才有意義。

選擇適用策略，不要因小失大

優秀的賽局理論家明白每個策略的限制，對你這位賽局新手而言，這個體悟更是重要。凱文在德國裝病的故事，也凸顯了不利條件原理的兩個風險。首先，若孩子說的是實話，加重代價就顯得不公平。因為若凱文真的生病，他還是得接受週六在家寫作業的懲罰，這個方案無疑會被抗議不公。當然你可能會說，就像放羊的孩子，凱文因為說謊，造成他與父母之間的不信任。然而，這說法或許無法讓凱文停止抱怨。

此外，這故事也彰顯了運用不利條件原理的另一個風險：雖然代價夠大足以防範說謊，但也不能大到抑制誠實。如果父母說，若凱文缺了任何一堂課，他的假期就會泡湯，當凱文真的生病需要在家休息時，他可能還是選擇去上學，而這結果可能比容許說謊更糟。在一些情況下，當代價大到阻止孩子說謊，同時也壓抑了誠實的動機。

這也讓我們來到最後一個，對付不誠實最無奈的選擇：視而不見。以布穀鳥為例，這種鳥常會把蛋下在別人的鳥巢裡，讓代理的鳥爸媽把布穀鳥幼雛當自己的孩子養。很顯然，布穀鳥蛋不是那麼常出現，以致不知情的鳥爸媽還沒有一套解決之道。或許，人類家長在某些情況下也必須「養布穀鳥」。若你早就知道這謊言造成的負面結果極微，你可能無法察覺，也不常發生，你或許會選擇忽略它。

自然界有許多應付說謊小孩的方式，在你努力教導孩子誠實時，自然界的方法或許能給你一些指引。這些策略各有好處與風險，建議你挑選一個最符合自身情況的來用。

新教養觀點，讓孩子學雙贏

- 善用跡象，讓謊言無所遁形。但儘管跡象能預防孩子說謊，卻無法教導誠實。
- 若有辦法察覺說謊，你可以立下規則獎勵誠實或懲罰說謊。但別忘了第四章的建議，懲罰與獎勵都必須可信。
- 有時，拿走信任，是很有效的懲罰。
- 降低說謊的誘因，或是減輕誠實需付出的代價。
- 用大量問題，讓編造謊話的代價升高。

CHAPTER

6

是他先開始的！

不論願不願意，
父母總是坐在最靠近拳擊擂台的位置。
如何讓孩子停止爭吵？
甚至願意彼此合作？
賽局理論家已設計出多個方法，
可有效降低衝突並引導他們合作。

在經過無數次把孩子拉開，並提醒他們善待手足後，我們往往會感覺，自己永遠沒法讓孩子們停止爭吵。

我們談論手足對立，其實真正擔心的是孩子們不停吵嘴，會把和樂的家變成硝煙四起的戰場。這已不是單純鬥嘴，而是衝突對立。家長決定只生一個孩子有諸多理由，但若理由是擔心手足衝突，我們絕不會驚訝。如果交戰是發生在網球冠軍威廉姆斯姊妹塞雷娜與維納斯之間，或美式足球四分衛曼寧兄弟培頓與伊萊間，不是個大問題，但大多數父母面對的戰爭，是發生在客廳、臥室，或家裡任何一個孩子可以打架不被父母抓到的角落。縱使沒有電視轉播，父母總是坐在最靠近拳擊擂台的位置，不論心裡願不願意。

事實上，這可以不是常態。

只要我們好好教導孩子，就有機會降低衝突並引導他們選擇合作，賽局理論家已對此設計出多個方法。他們知道某些協議對孩子特別有效，而且能帶來圓滿結果，有些方案則需要權威人士強制執行，在商業界或政府機關，執行者可以是監管機構或警察，在棒球界是裁判，在家裡則是父母。有些賽局理論策略是設計出協議架構，不需要強制執行者，還能讓所有人（孩子與父母）都開心，換句話說，**當有了正確誘因，孩子們可以自己達成公平協議，化解衝突。**

讓孩子自己領悟，合作比衝突好

其實，我們真正希望孩子做到的是彼此合作！我們可以強迫孩子合作，雖然可能成功，但過程可能非常困難，而且我們不希望孩子是因為害怕才被迫合作，我們不想成為暴君。比較好的做法是創造一個情境，讓孩子自己領悟到合作比衝突好，不必父母介入就選擇合作。孩子不會每次都樂意合作，但若他們意識到彼此還會相見，就會理解合作會讓他們下次見面更融洽，而下次見面可能就在五分鐘後。

如果你幾乎放棄要孩子們合作，別忘了合作其實根植於生物學。合作不限於成年人，亦不限於人類。第三章提到過的捲尾猴就非常擅長合作。

愛默蕾大學葉克斯國家靈長類研究中心教授迪瓦爾，用以下實驗說明這個概念：他當著兩隻捲尾猴的面，把食物放在一個沉重的抽屜中。這抽屜一隻猴子拉不開，但若兩隻猴子一起合作就可以拉開。母猴拜兒絲與珊米就是這麼做，然而當抽屜一拉開，珊米就快速拿走牠的食物，在拜兒絲還沒拿到之前，就忙著把自己的份吃完。結果在拜兒絲拿到食物前，抽屜已經縮了回去。

「拜兒絲耍起了性子，」迪瓦爾寫道，「牠使勁尖叫長達半分鐘，直到珊米走回抽屜旁。牠看了看拜兒絲，然後幫牠再一次把抽屜拉出來。」這次珊米開抽屜不是為了自己的食物，牠已經享用過了，牠只是做一件對的事——報答恩惠。

「拜兒絲之前幫了牠，所以牠怎能不去幫拜兒絲的忙？」迪瓦爾寫道。他一點都不覺得驚訝，因為「這些猴子的群體生活就跟我們的社會一樣，充滿了合作與競爭。」以及（我們要加一句）如同我們希望孩子們做到的，既合作又競爭。

手足會想確保對方生存，有其演化上的原因。主要是因為他們擁有許多相同的基因，而生物的本能職責就是讓基因延續。不過就如第五章所述，這無法阻止手足間的衝突對立（畢竟，手足間平均只有一半的基因相同）。

合作可以在更廣泛的情況下發生。幾年前，保羅參加佛羅里達大學的一場論壇，而佛大有一間養了三十萬隻蝙蝠的蝙蝠屋。每天黃昏，蝙蝠們就像一朵巨大的烏雲出動覓食，每天晚上可以吃掉二十五億隻昆蟲。雖然蝙蝠大隊的食量驚人，並非每隻蝙蝠都能吃飽回巢，牠們的同伴通常不會伸出援手。不過，並非所有蝙蝠都對朋友如此冷酷，吸血蝙蝠就是其一。當吸血蝙蝠餓著肚子回巢時，其他蝙蝠會反芻出血液給牠們吃。而當情況顛倒時，牠們也會以同樣的方式報恩。

這讓蝙蝠具備利他精神，因為牠們合作的對象，是同樣利他的蝙蝠。有時，這種分享發生在蝙蝠的手足間，有時則發生在彼此照料的朋友之間。合作的想法是與生俱來，如果蝙蝠可以跟朋友合作，人類手足應該也有同樣能力。

慷慨對待慷慨的人

關於人類有合作能力的證據，來自哈佛大學心理學家斯皮克（Elizabeth Spelke）的實驗室，她也是嬰兒認知研究的先驅。斯皮克指出，成年人喜歡與三種族群分享。第一是與自己有密切關係的族群；第二是曾與我們分享的族群，我們會希望回報他們的慷慨；第三是曾與其他人分享的族群。我們傾向報答他人的慷慨，即使自己不是受惠者（賽局理論家稱之為間接互惠）。問題在於，我們不知道自己是如何發展出這種傾向。它是內建於我們的成長過程中嗎？還是來自我們承蒙他人慷慨的經驗？這些價值觀是來自宗教教育嗎？抑或孩子是從其他家庭成員身上學習分享與合作？

斯皮克與同事奧爾森（Kristina Olson）為了分析這個問題，以孩子做了一連串實驗。首先，他們調查孩子與家人分享的樂意程度。二十個四歲左右的男孩與女孩，都拿到一個斯皮克與奧爾森稱為「主人翁」的人偶。在實驗中，每個孩子手上的主人翁娃娃，都得到一些用於分享的資源，像是塑膠香蕉、塑膠

四歲孩子就懂得把較多的資源
分給對自己慷慨的人。

柳橙、橡皮鴨、糖果等等。孩子要代表主人翁娃娃，將這些禮物分給其他六個娃娃。其中兩個是主人翁娃娃的姊妹，兩個是朋友，兩個則是毫不相識的陌生人。這些孩子即便只有四歲，也會把最多禮物給姊妹，其次是朋友，分給陌生人的量最少。

在一個類似的實驗中，孩子代表主人翁娃娃把較多的資源分給了對自己慷慨的娃娃，剩下少部分才給沒有禮尚往來的娃娃（孩子有拿到一個腳本，說明哪個娃娃曾對他慷慨）。最後，當眼前兩個娃娃，一個設定對他人慷慨，一個為否，孩子也會選擇給前者更多資源，證明了間接互惠。

這些研究「證明了孩子從年幼時，就用這三個原則決定複雜而成熟的合作網絡。」奧爾森與斯皮克總結。很顯然，孩子不是從成人經驗或宗教與道德教育上，學到這些原則。實驗結果顯示，原則來自他們的內在發展，或是從其他孩子身上學來。對我們而言重要的是，他們也能從家庭環境學到這些原則。

這種「有條件的慷慨」及對手足的特別關注，與孩子是否願意合作，及我們之前討論的公平意識息息相關。「或許公平意識的發展，是用來輔助合作的概念。只不過，我們還不知兩者是如何運作。」研究這項議題的波士頓學院教授麥考利夫說。雖然她和研究夥伴還未尋得所有答案，但已有些靈感。其一是，我們必須知道，相對於付出，我們能從合作中得到什麼好處，她解釋，「你想要避免被剝削。」理論假定，不論在何種情況下，人們都想把自己的好處極大化。如果我們都用自己成熟的公平意識做評估，當情況合理，我們總是樂意合作。

如果你認為孩子心中沒有這些盤算，那麼請問自己一個問題：你的孩子比魚兒聰明嗎？比孩子承諾清理（但從未實現）的水族箱裡，緩慢游動的霓虹燈魚、孔雀魚、神仙魚有頭腦嗎？如果孩子比魚兒聰明，他們就有辦法合作，因為魚做得到。

「這是人類以外，我最喜歡的合作案例。」麥考利夫說。她說的是瑞士納沙泰爾大學（University of Neuchâtel）行為生態學家布夏瑞（Redouan Bshary）的研究。布夏瑞打從小時候，就對魚類非常感興趣。不過他的博士學位不是來自研究魚類，而是研究象牙海岸的樹棲猴子。他發現，不同品種的猴子會彼此合作，來降低被獵食的風險。布夏瑞的研究主張，動物會遵行一種市場經濟，用食物換取保護。

布夏瑞也尋找其他可以測試他構想的動物，然後發現俗稱的「清潔魚」是個絕佳案例。清潔魚會吃其他魚（稱之為「客戶」）皮膚上的寄生蟲（我們就說這是市場經濟）。清潔魚藉此飽餐，客戶魚則擺脫了寄生蟲的困擾，兩者合作無間。

布夏瑞接著尋找清潔魚其他有趣的社會行為，發現有時清潔魚在享用寄生蟲大餐時，還會咬客戶皮膚的黏液當配菜，這麼做往往讓客戶猛力甩動，甚至逃之夭夭。布夏瑞發現，當清潔魚是兩隻一起工作，就比較不會這麼做；當有其他的客戶魚在旁，亦是如此。很顯然，牠們不想背負壞名聲（這樣才有合作的可能）。布夏瑞也發現，當石斑魚與鱒魚沒注意到躲起來的食物時，清潔魚會用動作指出這些小生物藏匿的地方。這些魚的行為，過去被認為是有大腦容量脊椎動物的專屬，特別像是人類、巨猿，以及讓人稱奇的大烏鴉。

重點在於，在許多動物（包括人類）的生活中，合作已經根深柢固。如果魚類可以自己學會合作，我們有大腦袋的孩子應該也學得會。

「以牙還牙」，解決收拾困境

現在讓我們討論收拾困境：把孩子臥室地板上成堆的樂高、拼圖、衣服與彩虹小馬組歸位。（這些東西到底是從哪來的？）該是收拾的時間，你的兩個孩子卻一動也不動。你承諾他們，如果收拾乾淨就帶他們去吃冰淇淋，但一點用也沒有！兩個人都在等對方先動作。合作就像是孩子主動要求，把甘藍菜當飯後甜點一樣遙不可及。

你需要的是囚徒困境變形版，也就是重複的囚徒困境。

囚徒困境賽局的情境是，兩個囚犯被分在不同的房間，他們有兩個選擇，一是招供另一人犯的罪行，一是什麼都不說。如果兩個囚犯都不招供，他們會因為輕微犯罪判處短期徒刑。若只有一人招供，招供者會被釋放，選擇不說者會被判處長期徒刑。如果兩者都招供，則都會被判處「不限定刑期徒刑」。若

一旦孩子們開始合作，有了互信基礎，
日後就會更常合作。

兩人都選擇沉默，結果對他們最好，只會被判處短期徒刑。但賽局理論的論證顯示，兩人都會招供，因為他們都怕被對方出賣。

重複囚徒困境的情境，則像是兩兄妹一再面對沉默或招供的選擇。此時，賽局理論就變得更有意思。你的兒子可能會選擇告發妹妹，妹妹也可能以眼還眼。但假設當其中一人決定不要犧牲對方，比方兒子保持沉默，不把錯怪在妹妹頭上，或許下一次，妹妹就會以同樣方式回報。為什麼？因為她發現，表現友善對雙方都有好處。如果我們能讓兄妹往這個方向發展，合作就會與日俱增，而且兩人的優良表現還能互相影響。不得不承認，這樣的合作對家長不一定是好事，但總要有個開始。

賽局理論家也證明了，一旦雙方開始合作，日後合作就會逐漸增加。他們稱為「以牙還牙」。

我們也知道「以牙還牙」聽起來不像我們想鼓勵的行為，而像「你打我，我就揍你」。確實，字典對以牙還牙的解釋，就是大力反擊，而這麼做往往會讓小爭吵一下擴大為大衝突。但賽局理論家不是這個意思，他們在這個詞的使用上，與多數人大不相同。以牙還牙在賽局理論指的是：兒子開始採取合作的行動，而女兒可以選擇合作或不合作；不論她的選擇為何，兒子之後都會採取跟她一樣的行為。如果女兒選擇合作，兒子會再次跟她合作；如果女兒拒絕合作，或是背叛他，兒子下次也會如法炮製。

明白箇中邏輯了嗎？如果兒子先採取合作的行動（收拾起幾塊拼圖），女兒也這麼做（同樣收拾起拼圖），兩人就會持續合作下去。假若兒子先大方示好，但女兒拒絕合作（離開房間跑去看電視），他之後也不會跟她合作，以降低損失。但如果女兒先發起合作的行動，兒子也禮尚往來，彼此的合作又將重回正軌。

以牙還牙是賽局理論家版的「黃金法則」：己所不欲，勿施於人。但賽局理論家不是單純相信這套法則，他們還證明了這個法則有效。

密西根大學政治科學系教授艾克斯羅德（Robert Axelrod），是研究合作議題的專家。他在《合作的演化》（*The Evolution of Cooperation*）一書中概述了自己的研究成果。艾克斯羅德的切入方式，是退後一步思考，從尋常的問題開始問：「人們在不斷與人互動的過程中，何時會選擇合作，何時會選擇自私？」以及「在怎樣的情況下，一個充滿本位主義者、沒有中央集權的世界會出現合作？」換句話說，當父母沒有對拒絕合作施以立即懲罰，在怎樣的情況下，孩子會與父母以及其他手足合作？

有人認為，在缺乏權威的狀況下，孩子不可能會合作。十七世紀時，偉大的英國政治哲學家霍布斯曾寫道，若生命缺乏有組織的中央權威，將會是孤獨、貧困、艱難、野蠻且短暫的。在這觀點下，幾乎沒有自發合作的空間。霍布斯認為，任命一位強迫人民遵守規矩的專制統治者，是促使合作的唯一方式。在聽了孩子天天吵嘴一週後，父母就知道霍布斯為何有這個理論。在霍布斯之後，有無數偉大思想家辯論：合作是否能在沒有中央權威（如家長、政府）監管的情況下出現。

相較於霍布斯，艾克斯羅德對人性的看法樂觀多了。他寫道，即使與他人的福祉，或與整個群體的福祉無關，人們還是可以互相合作。艾克斯羅德以一項電腦競賽（如西洋棋比賽）做示範，在其中賽局理論家會互相玩重複囚徒困境的遊戲，看誰會贏得勝利。艾克斯羅德請賽局理論家提出自己覺得最成功的策略，十四位專家立即響應。結果「以牙還牙」策略獲得勝利，「完全出乎我的意料。」艾克斯羅德寫道。

嚴格來說，做法是這樣的：在第一輪比賽，一位玩家會先從合作策略開始，之後，對手怎麼做，他就照著做。就像你的兒子展現合作，但女兒不合作；到了第二輪，他也不會合作。但如果女兒在第三輪合作，他就會合作。這裡合作的關鍵在於，雙方知道未來他們會在同樣的情境不斷交手。如果這賽局只出現一次，雙方都沒有合作的誘因。但如果賽局一再發生，兒子或許就會意識到，若他合作，妹妹可能也會這麼做。

別忘了，合作對他們有利，如果兩人都想吃到你承諾的冰淇淋，又不想做超過一半的工作，合作就是答案。一旦合作開始，他們就有誘因繼續合作下去，也預期對方會這麼做。

合作立基於可能的互惠

這也是艾克斯羅德在他的電腦遊戲所見。當競賽走到第十四回，多倫多大學的拉帕波特（Anatol Rapoport）提出的「以牙還牙」，打敗了其他更複雜的策略。「以牙還牙」在鼓勵囚徒困境的合作上最為有效，這可是個大新聞，在沒有任何威脅的情況下，合作竟然能出現！或者如艾克斯羅德所言，「合作只立基於可能的互惠上」。為了確認這項發現，艾克斯羅德又再次舉辦了電腦遊戲。這一次，他從電腦怪才、生物學家、物理學家等人身上，得到六十二個提案。這些提案包括了各式各樣新潮的數學策略，拉帕波特再一次以「以牙還牙」提案獲得勝利。

現在讓我們回到收拾困境。當你要孩子把玩具歸回原位時，就如囚徒困境，兩個人都不願照做。假若兒子開始動手撿起填充動物玩具，並放進玩具箱，女兒的策略有可能是搭順風車，袖手旁觀，讓哥哥自己收拾房間。結果呢？房間被整理乾淨，他們可以再次玩耍，父母也能休息一下。女兒沒有任何損失，但兒子蒙受了不公平的待遇。

在重複囚徒困境裡，他們很快又見了面。這次不知為何，動物玩具被移到地板中央，有如非洲大草原上擠成一堆的牛羚。這時，兒子不願再撿任何玩具，因為覺得自己上次被虧待了。

這一次我們採用以牙還牙策略，看看孩子們會有什麼反應。女兒拾起一個玩具（這次要她先開始收拾才公平），然後兒子也收一個玩具。他們輪流撿玩具，最後房間被清理乾淨，而且兩人承擔了同樣的工作量。你也可以每天輪流，女兒整理一天，隔天換兒子整理，依此類推。重點是要讓賽局繼續下去，記錄該是輪到誰，並維持絕對的公平。兩個孩子都有整理房間的誘因，因為一個人做就能促使另一人追隨。

孩子要用什麼策略，才能以最少的工作量吃到冰淇淋？如果一人不做，另一人要扛下所有工作才能得到獎勵。如果合作，兩人都只需要清理一半，也就是一半的工作量。

就如一開始囚徒困境中的囚犯，若兩人都只追求自己的利益，結果都吃不到冰淇淋。當你離開房間，坐在沙發上的兒子與女兒，開始不斷催促對方收玩具。如果兩人都坐在沙發上不動，沒人能吃到冰淇淋。兩人都選擇最少的工作量，結果就是得不到獎勵。

這樣的情況一再發生，每次房間都變成一團混亂，而這也是孩子該互相合作的時候了，兒子對女兒說：還記得上次嗎？我們都沒吃到冰淇淋。或許女兒就會開始不情願地收拾小馬，兒子或許也接著動手收拾。若情形持續，兩人可以平分工作，而且都能吃到冰淇淋。

幾乎沒有人會自己把地上拼圖統統收拾乾淨，因為這會讓另一人沒做事就得到獎賞。

如果你覺得這辦法在孩子身上無法奏效，別那麼快下定論，艾克斯羅德表示，即使比手足關係更不穩定、更危險的情況，這項策略也能發揮效用。一個最讓人想不到的合作，出現在第一次世界大戰歐洲的壕溝戰中。戰爭前線的士兵背負殺敵的命令，設計出一個可以大幅減少傷亡的以牙還牙策略。在這個稱為「自己活，也讓別人活」的情境，如果一方不發動攻擊，另一方就會按兵不動。

兩方軍隊打的都是耗時數月的壕溝持久戰，就像是進入重複囚徒困境的賽局。你可能會以為，雙方會頻繁交火，這也是他們起初的任務。這就是戰爭啊！然而他們知道彼此會不斷交手，所以若一方合作，另一方也會跟進。一旦合作關係建立，往往就不會變動。

「『自己活，也讓別人活』策略是壕溝戰的特產，即便高階將領極力阻止，即便戰鬥激發怒火，即便軍事邏輯是『不是你死，就是我亡』，它還是頻繁出現。」艾克斯羅德寫道。就算是死敵，也能有合作關係。敵對雙方採用了以牙還牙策略，如果一方開始射擊，另一方也會開火反擊，因為以牙還牙策略是對手做什麼，你就做什麼。然而，假設當一邊暫停射擊，另一邊也跟進。他們就發現合作的好處，沒有士兵傷亡。如果兩邊都依對方行動馬首是瞻，攻擊就會停止。

如果戰場上的死對頭都知道要合作，或許我們也能教會孩子合作。

三個方法促進合作

電腦遊戲讓艾克斯羅德很想知道，哪些確切條件可以促進合作。他想知道，合作是如何開始？在歐洲戰線綿延的壕溝中，要有第一個停火的人，合作才能展開。

對孩子而言，讓其中一人開始合作的行動，看似不可能的任務，如果你要兒子與女兒分擔整理樂高積木的工作，誰會先動手？你可以試著告訴他們，合作是得到冰淇淋最簡單的方式。然後**立下規則：如果其中一人開始，另一人也要照做**。為了維持公平，你可能要讓他們輪流收拾樂高積木，直到所有積木回到箱子，可以看到地板為止。

你也可嘗試**混和模式，由你開始發動合作**。如果孩子陷入爭吵僵局，誰也不願先動手做家事，你可以先播下一顆合作的種子。由兒子先收拾一些樂高積木，然後你跟著收拾。如果女兒不願加入，就再換兒子收拾。他收一把，你也收一把。你要改變遊戲規則，若兒子跟你合作，就能得到冰淇淋，即使他只做了一半的工作，而坐在沙發上生氣的女兒，則一點也得不到。她或許會大聲抗議，但你已經給了她合作的機會，而她選擇拒絕。

你現在已經展示了成功合作的方法，也給了兩個孩子嘗試的誘因。下一次當兒子收拾一大把樂高積木，你可以要女兒跟著做。如果這回她答應了，你就成功了。他們知道這樣合作，兩人都能得到冰淇淋。此時你責任已了，終於可以離開房間。

這項實驗有多重作用，它讓孩子知道，合作可讓房間更快收拾好；如果合作，雙方都會更輕鬆；不用你威脅，他們就能把工作完成。而你的策略就是加入一個新玩家——你自己。你讓孩子看到合作的價值，讓他們更想加入合作的行列。

如果這個做法無效，你可以試試相反的策略：扮演拒絕合作的角色。做法如下：當孩子不願意收拾玩具，你就說你會自己把玩具收乾淨，兩個孩子都沒有冰淇淋可吃。你會發現，兩個孩子了解到，他們應該在你動手前先一起把玩具收好，才能得到獎賞。你嚴厲地**打破賽局**，促使孩子合作打擊共同敵人，也

讓孩子看到合作的價值，
他們就會了解合作比逃避更簡單。

就是你！就如伍德豪斯（P. G. Wodehouse）虛構的萬能管家吉福斯（Jeeves）對主人一家說：「在家庭意見分歧時，一個廣為接受的必要做法，就是邀請討厭的安妮阿姨來訪，所有裂痕就會迅速癒合。」

還有別忘了，地板被弄得一團亂的情況，在未來幾年都會一再發生。下一次，或許在你插手介入前，孩子就決定把混亂整理乾淨。他們將開始了解，合作比逃避更簡單。

艾克斯羅德加入慷慨的概念，把合作的做法又往前推進了一步。假設你的兒子先抓起一把樂高積木，女兒也跟著抓了一把。過了好幾輪後，女兒覺得累了，不想再撿了。根據以牙還牙法則，兒子應該也會住手，規則是女兒怎麼做，兒子就怎麼做。但若兒子覺得，妹妹休息一下就會回來繼續收拾。他就會繼續收拾樂高積木，讓妹妹有機會喘口氣再投入。這就是艾克斯羅德所稱「慷慨版的以牙還牙」，兒子讓女兒可以偶爾偷懶一下。

相反的情況也可能發生。當女兒不想接著收積木，兒子也停止收拾的動作。之後，女兒對打破合作感到抱歉，決定重新開始收拾樂高，後來兒子也跟著做。這被艾克斯羅德稱為「悔悟版的以牙還牙」。「就如慷慨版的以牙還牙，悔悟版的以牙還牙很容易奏效，」他寫道，「因為可以修正自己的錯誤，並立即回到原本相互合作的狀態。」

但策略也有失靈的時候。合作有個「聲名狼藉的親戚」——怨念，會讓合作戛然而止。我們指的是心理上的怨念：願意自蒙損失，只為了讓對方付出更大代價。

怨念是摧毀手足合作最快的方法，但到數年前，仍很少人知道孩子是否會出於怨念行事。麥考利夫在近年研究了這個議題。

人類跟其他生物不同的一點在於，我們願意與陌生人合作，合作動機可能是基於人類的公平意識，以及厭惡不公的傾向。

我們觀察到孩子從四或五歲就開始顯現厭惡不公的行為。相關的研究大部分來自麥考利夫與她在新英格蘭的同事與夥伴。但麥考利夫現在想知道的是：為什麼孩子厭惡不公，甚至願意付出代價，來剝奪得到更好獎勵者的資源？於是麥考利夫與同儕招募了數對從四到九歲的孩子，將他們與大人做比較。這怨念是摧毀手足合作最快的方法。

麼做是想知道誰會基於怨念行動，以及其他的可能。這些孩子拿到的糖果，有些是公平分配，有些則否。當孩子覺得自己被虧待，可能會不高興的拒絕這項分配。研究人員把實驗設計成可以同時研究怨念與不滿。

麥考利夫在二〇一四年出版的論文指出，即使年幼的孩子也會有出於怨念的行動，亦即孩子不只拒絕被虧待（因為不滿），他們也想讓另一個人不好受。有趣的是，成人並未出於怨念行動，可能因為他們比孩子更不願讓自己因為糖果而「在對方面前顯露出憤怒或嫉妒」，麥考利夫與同事寫道。

怨念會在大約八歲時消失，那時孩子開始會因為自己拿到比別人多的糖果，而感到不安。

合作是可以教導的

至於我們家長可以從中學到什麼？首先，你早知道，當年幼的孩子拿到比自己應得的糖果、貼紙、著色本要少時，會生氣憤怒。研究指出，四歲及五歲小孩除了憤怒，很少有其他反應。所以切記，要將合作的好處均分給每個孩子。如果合作後，一人得到的好處大於另一人，就可能滋長可怕的怨念，摧毀你試著創造的美好關係。

其次，雖然我們清楚知道拿太多糖果不公平，應該還一些回去，但孩子並不這麼認為，直到他們四、五年級才會改觀。如麥考利夫與她的團隊所言：「我們的研究顯示，年幼的孩子會傾盡全力讓自己占上風，年長的孩子才會關心公平問題。」如果孩子顯現出公平意識，表示你的做法正確，你養育的孩子將會待人公平且慷慨，這些特質將讓他們在進入瘋狂的現實世界時，能適應得更好。

第三，合作是可以教導的。教孩子合作需要耐性，有時也要有決心，像是孩子不願一起收拾樂高積木時，拒絕給他們冰淇淋吃。雖然有時並不容易，但當你堅持下去，就會成功。

新教養觀點，讓孩子學雙贏

- 孩子們的互動愈頻繁，就愈容易發現互相合作的好處。
- 孩子自己能夠發現與朋友及手足持續合作的好處。
- 告訴孩子，他們今日不良的行為，會影響日後別人對待他們的方式。
- 教導孩子以賽局中「以牙還牙」的策略來解決合作發生的困境。

CHAPTER

7

為什麼不能買給我？

每個家長都需要一個獎勵機制，
既不會給孩子太大壓力，
又能給他們努力的動機。

正就讀國小資優班的湯瑪士，是個聰明的孩子。他在班上一直維持中上的成績，不是特別出色，但如果他已經盡力，也算還不差。

但這就是問題所在：湯瑪士真的盡力了嗎？他有沒有認真念書，並為課業投入必要的時間？他在《遜咖日記》寫下給老師的心得時，是否有先仔細思考？還是直接寫下腦中浮現的第一個想法，然後交差了事？

如果湯瑪士已經盡了全力，我們會想鼓勵他，並就他的成果給予獎勵。如果他已努力付出，我們不會強迫他非拿更好的成績不可，要求湯瑪士爭取不可能達到的成績，只會讓他痛苦，也讓家長痛苦，甚至讓老師在聯絡簿上留言詢問：「為什麼湯瑪士看起來不喜歡上學了？」但另一方面，如果湯瑪士真的偷懶，我們想讓他知道這麼做不對。我們要把情勢扭轉過來。

動機，最單純的力量

我們該怎麼做呢？答案是，需要一個獎勵制度，在不給湯瑪士太多壓力賽局專家已創造一個能克服偷懶，同時不會誤罰孩子的激勵制度。

下，賦予他努力的動機。我們要給他一個發揮全力的理由，而不讓他覺得我們是「非A不可」。

為了解決這類問題，賽局理論家提出了所謂的「委託－代理模式」。簡言之，研究這項議題的賽局理論家，試著創造一個能克服偷懶、同時不會誤罰的激勵制度，讓我們來看看你和孩子可以如何運用這個模式。

在大部分的情況下，家長在「委託－代理模式」中扮演的是委託人的角色，孩子則是代理人。想了解委託人與代理人的關係，可以想想我們生活周遭的各種代理人。在賽局理論中，「代理人」很像旅行社職員、作家代理人、劇團代理人，以及明星運動員的經紀人。也很像我們熟悉的房地產仲介。他們都是賽局理論家眼中，代理人的理想典型。

假設你想要搬離市中心的狹小公寓，住進郊區的寬敞洋房，你可能會先上網搜尋有哪些房子在出售。這個方法或許有效，但你可能會找到數百個房地產物件，過量的資訊只會讓你感到頭昏腦脹、喘不過氣來。此時，你或許會想改變策略，讓房地產仲介幫你搜尋適合物件。

箇中邏輯就是：能幹的房地產仲介比你清楚有哪些房子等待出售、哪些價格合理，以及哪些掮客值得信任。這些知識我們都可以自己學習，但除非我們每天都在買賣房子，否則太浪費時間。在賽局理論中，我們是委託人，聘請代理人做事。

在公司，下屬是主管的代理人，即便主管可能不這麼認為。主管沒辦法一人完成所有待辦事項，也不具備所有領域的專業能力。假設主管的工作是銷售一項厲害的矽谷新產品，她決定放手去做，但她不知道如何設計產品原型、建立實體模型、進行測試與規劃製造流程。實際上，她也不需要了解以上所有事項，大可以聘請代理人協助完成。

同樣的，孩子也像家長的上學代理人。這或許聽起來很怪（甚至有些荒謬）。孩子沒有意識到，自己正代表我們的利益做事。如果知道，他們或許會依此跟我們多討一些糖果。但當你從賽局理論家對委託人與代理人的定義來看，這樣的類比實屬合理。

賽局理論家指出，所有委託–代理的情況都具備兩個要素：代理人比委託人懂得多，以及委託人自己沒辦法做，需要代理人用他們特有的知識去執行。房地產仲介比我們了解房地產市場，委託人需要房地產仲介幫他們篩選最好的物件，並代為議價。孩子比我們清楚他們的表現如何，以及自己究竟有多努力。我們希望孩子在課業上盡力而為，與老師晤談可以讓我們多了解情況，但還是沒法比孩子更了解學校發生了什麼事。

我們希望代理人（包括政治人物與孩子）對我們誠實，但無法得到實質保證。房地產仲介對於賣出房子、賺取佣金，比讓我們用最佳價格買到新家感興趣。為了多賺些錢，房地產仲介還會建議我們「看一眼」高出預算的房屋。做為選民代理人的政治人物，對於募款與連任的興趣，可能遠大於服務選民。我們不知道實情為何，代理人永遠比委託人明白狀況。

學習跟「比你懂的人」交涉

經濟學家常談到一個故事，描述當一方的資訊比另一方多時，情況可以演變得多荒謬。兩位賽馬騎師在爭辯誰的馬跑比較慢，「我的馬比較慢。」一位堅持道。「不，我的才比較慢！」另一人說。兩人你一言我一語，一直難有結論。因為若兩匹馬賽跑，騎師可以讓馬慢慢跑，仍聲稱已經讓馬跑到最快的程度。因為只有騎師本身知道馬可以跑多快，所以能夠這麼做。他對自己馬的了解程度，遠超過另一位騎師，反之亦然。另一位騎師可以讓自己的馬，跑得跟散步一樣慢，所以爭論永遠無解。賽局理論家的解決辦法是讓兩位騎師互騎對方的馬。為了證明自己的馬跑得比較慢，兩人都會把對方的馬，逼到跑最快的程度。此時，騎師對自己馬的了解，已經沒法為他們帶來任何優勢。

可惜的是，我們沒法把這個解決方案套用在孩子身上。我們不是騎師，沒法跟他們角色互換。即使可以，我們對孩子努力的程度，也不會有更深的了解。湯瑪士是你請來的代理人，他的回家作業之一是閱讀並評論《遜咖日記》，以及學會規劃時間表。但當他該寫作業時，可能心裡想的是電玩遊戲「當個創世神」。

讓我們用以下案例解釋委託─代理的運作方式：有一位主管和一位名為

吉姆的組裝線員工，吉姆的工作是把刻著公司商標的工具組裝起來，而他已經在這家公司做了好幾年。就如湯瑪士，吉姆可以選擇認真工作或放鬆偷懶。主管必須確保吉姆有好好工作，但他沒法再聘一個人或裝閉路電視來監看吉姆，因為兩個方案都太昂貴，吉姆也無法忍受時時有人在監視他。讓情況更複雜的是，吉姆使用的金屬壓印機常常故障。所以即使他認真工作，有時也沒法製造出大量工具。有時當機器運轉順利，即使他偷懶也能製做出大量產品。但一般來說，當吉姆工作愈賣力，就能完成愈多產品。聽起來很簡單，不是嗎？

困難之處在於：應該如何計算吉姆的薪資？主管希望吉姆做的產品愈多愈好。怎樣的誘因，最能讓吉姆與主管利益一致？吉姆就像房地產仲介，在他能製造多少工具上，擁有最多資訊。他知道自己何時賣力工作，何時放鬆偷閒，但主管沒法知道。

要不要猜猜應該用什麼獎勵機制？我們知道你們大多會這麼想，根據他製作工具的數量來給薪，有時這麼做並不公平。當機器故障，吉姆只能做出較少的工具，工資也就比較低，但那並非他的錯。相反的，有時機器運轉順利，吉姆可以製造出遠比平日還多的產品，因此能得到更高工資。平均而言，即便每天產出的數量不同，只要吉姆工作賣力就可以賺得較多工資。

這就解決了不知道吉姆工作是否賣力的問題，他的產出已經說明一切。這個算法並不完美，但可以讓吉姆和主管利益一致，製造愈多愈好。如果你這麼想，相信你會欣然得知，賽局理論家也抱持同樣的想法。他們已經證明了，按件計酬是最好的解決方案。

不過，這個算法也有缺點。「按件計酬」在法律與管理上有其複雜歷史，雖然適用於大部分雇主，但可能促使窮困的勞工把自己逼到極限，甚至超越極限。當保羅還是大學生，他曾利用暑假到家鄉底特律的汽車工廠打工，當時就常常聽到工人被沖床切斷手指或手掌的消息。因為工人放入金屬板料並按下啟動鈕時，太慢把另一隻手抽出來。沖床的設定是要工人同時按兩個按鈕，所以在切割板料時雙手不會受傷。但工人為了製造更多產品，把其中一個按鈕固定住，結果保護措施完全失效。當工人努力想製造更多產品時，最常發生受傷狀況。這是按件計酬機制下，最可怕的結果。同樣駭人的故事，也常發生在移民讓獎勵發揮效用的關鍵：
知道如何跟比你懂內情的人交涉。

去做農場工人時，因為他們的工作往往也是按件計酬。所以這個解決方案，並非我們想像的那麼簡單直接。

前面談到設計合理獎勵方法，以鼓勵工人或孩子按照我們的意思做，被賽局理論家稱為機制設計。機制設計的主要內容是，學習如何與比你懂得狀況的人交涉，它也是讓獎勵發揮效用的關鍵。英國賽局理論家賓摩爾（Ken Binmore）對所羅門王仲裁兩位婦人爭嬰的故事，有個與眾不同的觀點。你還記得故事是怎麼說：所羅門王威脅要把嬰兒切成兩半，讓兩位婦人都滿意。一位婦人同意，另一位則懇求所羅門王不要這麼做，寧可放棄嬰兒也不願接受所羅門王的極端方案。智慧的所羅門王於是判定後者才是嬰兒真正的母親。他很聰明，不是嗎？

賓摩爾不這麼認為。「聖經故事裡闡述所羅門王智慧的故事，不太具有說服力。」他寫道。若兩位婦人都說自己寧可放棄嬰兒，所羅門的計策看起來就沒那麼有智慧。

賽局理論家的解決方案是什麼？如果在這起爭訟上，兩位婦女都聲稱自己是嬰兒的母親，所羅門王可以設下罰金機制。若兩人都自稱是真正的母親，就都要繳納罰款，所羅門王的智慧可以在設定罰款上充分發揮。我們假設真正的母親願意為贏回孩子付出一切代價，而假冒者不願付出這麼多。所羅門王必須設定一個罰金，讓假冒者覺得嬰兒不值這價錢，但真正的母親又付得起。賓摩爾對於另類情境的分析，必然能讓真正的母親順利贏回孩子。假冒者會放棄爭取，若不這麼做，她將被迫付出高昂的代價。

成績進步幅度愈大，獎勵就愈好

現在，讓我們把話題拉回湯瑪士身上，我們希望在湯瑪士得到好成績時獎勵他。但只有湯瑪士知道自己的用功程度，我們無從得知，只能看到結果，也就是他的成績。我們可以問湯瑪士到底有沒有盡力讀書，他也可能對我們講實話。但如果他從策略面思考，而且不想多做功課，或許就不會據實以告。賽局理論家給這種小謊一個專有名詞——「空口白話」。

我們知道教育的路上不會永遠一帆風順。有些老師比較好，有些比較差，有些科目困難，有些科目簡單。但平均來說，如果湯瑪士愈認真鑽研，得到的分數會愈高。遵循賽局理論的原則，我們應該就湯瑪士的成績給予獎勵。

但並非所有獎勵制度都是同一個樣。與其說「若你拿到全A，就會得到一個Xbox的新遊戲」，倒不如打造一套獎勵機制。比方拿到C算一點，B算十點，A算二十點。當湯瑪士得到足夠的點數（由我們決定），就能得到新遊戲。機制在於，當成績進步幅度愈大，獎勵就愈好。

為了得到我們期盼的結果，必須謹慎設計這個獎勵制度。不論湯瑪士的讀書天分為何，拿A總是比拿B困難。所以拿A的誘因必須夠大，才能吸引湯瑪士提起勁去用功。如果得到B的獎勵只比得A小一點，湯瑪士可能會覺得拿B就夠了。如果得B的獎勵太低，湯瑪士或許會覺得拿C也沒關係。即使不拿A，當時間拉長，累積足夠的B與C，也能讓他得到電玩遊戲。所以獎勵制度必須設計正確。

成績的獎勵制度還有另一個問題，你或許已經猜出是什麼：孩子可能藉著抄襲作業或作弊，在沒有付出更多努力下取得高分。如果你給A的獎勵太高，有可能會刺激孩子作弊。如果湯瑪士沒有能力拿A，這就會是個問題。結果獎勵制度沒有鼓勵學習，反倒刺激作弊，因為那是湯瑪士得到 Xbox 遊戲唯一的方式。這確實是出乎意料的結果。

我們認識的一些賽局理論家認為，獎勵機制衍生的問題無法解決。但也有些人比較樂觀，他們建議父母可以採用一個類似市場共謀協議的策略。運作方式如下：你設立一個獎勵制度，然後給代理人（湯瑪士）一些彈性空間。我們不把A設為孩子一定要達到的成績，而是要他至少拿到B。可以拿A的聰明孩子，有可能覺得拿B就好了。但我們還是設下底線，讓他們不能拿C。我們沒有要湯瑪士非得A不可，但若他表現太差，就會被嚴格督促。也有可能湯瑪士發現自己喜歡學習，因為喜歡所以想在學校得到更好成績。而這回，出乎意料的結果可能是他拿了A！

在開始採用這個獎勵制度前，我們必須確認自己夠了解湯瑪士。我們能以間接的方式，得知他有多用功。假設當湯瑪士讀高中，我們帶他參觀幾所大學。他有一所中意的學校，但入學競爭激烈，他有可能無法錄取。然而，湯瑪士表現出非常想申請這所學校的樣子。如果他的成績開始進步，我們可以推論之前他沒有盡全力念書。即使他沒有言明，我們已經得知狀況。但若湯瑪士的成績沒有馬上改善，我們也可以合理推論他之前已經盡力了，因為進入理想大學的動機，未能為他的成績帶來任何改變。

不只攸關一盒爆米花

剛才我們已經討論過父母是委託人，孩子是代理人的情況。但我們也可以把情況反過來。若父母能假想是自己「雇」孩子在學校有良好表現，也能假想是孩子雇請我們。雇請我們做什麼？當然，就是撫養他們長大。就如孩子比我們知道學校發生什麼事，我們也比孩子知道他們應該在體能、社交與情緒上有哪些成長與發展。孩子需要幫助，才能順利長大。他們需要父母擔負一些非常重要的工作，照料飲食、購買衣服、提供住處、載他們去露營、練習籃球、

給孩子一些彈性空間，
「至少拿到B」要比「非A不可」好。

參加西洋棋社、玩足球，以及參加其他我們代為安排的活動。我們並非想讓孩子被責任壓倒，而是孩子需要（也想要）這些活動。沒有我們，他們無法參加。孩子沒法開車送自己去練球，或是自己開支票報名營隊。

雖然孩子可能不喜歡上學，但他們需要好的教育，長大後才能做許多自己想做的事。孩子可能自己沒意識到，但其實是他們雇請父母幫自己達到好成績，並為成人階段做好準備。就像工廠按件計酬的工人，當我們為孩子提供一切成長為健康、成功大人的要件時，常會發現自己已超越能力極限。

因此，我們與孩子同時有雙向的關係，在某些方面我們是委託人，他們是代理人；在其他方面（提供食物與住處），他們是委託人，我們是代理人。以賽局理論術語來說，這是個不錯的協定。

把孩子養大是個重責大任。生物學家把人類稱為「晚成性物種」，亦即孩子需要花長時間養育，才能成熟到可以照顧自己。

其他大部分的物種都成熟較早。「在世界上，沒有什麼生物（除了北極露脊鯨有可能）比人類的孩子，需要花更多時間才能成熟。」人類學家赫爾迪

（Sarah Blaffer Hrdy）在《母親與其他人》（*Mothers and Others*）一書寫道。這也是為什麼人類的父親會留下來養育小孩，和其他哺乳動物都不同。養育要花數年的時間，而且有諸多工作需要完成。幾乎每個單親家長都會不假思索地告訴你，一個人養小孩有多辛苦。

我們是實際的賽局理論家，所以我們不認為自己做為代理人，提供孩子的都是免費服務。對於我們在養育上付出大量的時間、金錢，以及高低起伏的情緒，孩子要如何償還？

他們償還的方式，我們都知道：擁抱、親吻、貼在冰箱門上的繪畫、學校裡走音的樂團表演、玩不完的大富翁遊戲、一起看「冰雪奇緣」共享的歡笑與淚水，以及他們擺脫三振的勇氣，和他們的笑容與對成果的自豪。養孩子並非一段順遂的過程，生病、財務拮据、死亡、意外懷孕與離婚都讓過程更艱辛。但大多數家長都會同意，養兒育女是一份值得簽署的合約。當覺得時機到了，大部分的人都會投入嘗試。

當我們以「委託人－代理人模式」討論湯瑪士的故事時，必須了解到湯瑪士與父母，面臨了另一個問題。這個問題是關於「道德危機」，道德危機一詞聽起來像是嚴重的性格缺陷，實則不然。它只是賽局理論家與經濟學家愛用的一個專有名詞，會在孩子（或企業）受到過度保護時發生。這論調聽起來似是而非，但過多的保護，對孩子與企業確實不是好事。道德危機的概念常用在企業經營失敗、破產與保險有關的事情，但也適用在表現不如預期的孩子，如湯瑪士身上。

讓我們用一個例子，說明賽局理論家與經濟學家眼中的道德危機。假設有家人要出門去看電影，琳達很想吃爆米花，但家人與她的約定是，她必須花自己的零用錢購買看電影的零食。壞消息是，琳達已經把當週的零用錢花光了。「你可不可以買爆米花給我？」她向父母請求。父母知道琳達很喜歡吃爆米花，若沒有爆米花，感覺電影就沒那麼精采。

如果父母不金援口袋空空的女兒，她會很不高興，甚至整場電影都繃著一張臉。但若父母投降買了爆米花給她，就是犯下一個天大錯誤。若琳達知道父母無論如何會幫她付錢，以後還有動機存零用錢嗎？

這就是道德危機，此項誘因將鼓勵輕率與不良的行為。若父母屈服，等於鼓勵琳達輕率用錢，降低存錢動機。因為當她真的一毛不剩時，也有父母可以幫她結帳。若父母不幫琳達買爆米花，就能教導她一項美德，把錢存下來，並為花費做計畫。

整件事不只攸關一盒浸滿奶油的巨大爆米花，類似的事件，三不五時就會發生，我們面臨無數可以對孩子伸出援手的機會。去年夏天，保羅的孩子到遊樂場玩，那兒剛好有位家長在發水球。保羅的兒子很想要一顆，但他要保羅去幫他拿。保羅想鼓勵孩子多和大人說話，於是叫他自己去跟那位家長要。兒子請求保羅幫忙，但保羅不為所動。最後，他的兒子沒有拿到水球。若保羅伸出援手，就是為兒子製造了道德危機。若兒子知道父親一定會去幫他要，他就沒必要自己開口了。這案例攸關的只是一顆水球，保羅差點屈服。他要夠堅定，才不會對兒子伸出援手。

道德危機牽涉的代價，往往遠高過電影院爆米花與水球。假設父母告訴讀高中的女兒，她必須自己撰寫申請學校的論文，爸爸可以幫忙修改，但她必須自己寫，文章才會發自內心。但在申請截止的前一天，女兒一如過往的依賴父母，認為父母一定會妥協幫她，自己幾乎什麼也沒做，若她的父親根本來不及出手相助，女兒可能錯過期限，也可能因此錯失進入理想大學的機會。

這還不是最糟糕的情節。假設你的兒子在大學交了一群吸毒的朋友，沒多久他也開始吸毒，並惹上麻煩。若父母過去總是幫他脫困，像是買爆米花給他，幫他完成申請大學的論文，他就不會對自己犯罪的結果過於擔憂，因為假設他被抓到，父母總會伸出援手。

這些情形屢見不鮮，不只父母與子女，在成人世界也常發生。以下案例來自商業世界：保險會讓企業的行為更輕率，因為他們知道有保險，所以不會多花時間確認自己是否安全的使用機器設備，若有意外發生，就由保險公司埋單！幾年前，評論家批評政府幫美國大銀行紓困，也是出自同樣理由。一些造成金融危機的銀行，得到政府數百萬美元的紓困，而且它們認定，當自己再度惹上麻煩，政府一定還會出手相救。這就是以全球為範疇的道德危機。

如果孩子知道你容許例外，
他們就會讓你陷入更多需要「例外」的狀況。

立好規則後，就不容許例外

可能努力不足的湯瑪士，也很容易蒙受道德危機。若我們幫得太多，或是花太多時間請老師協助他改善成績，等於是讓他直接受到道德危機的影響。若湯瑪士知道，當自己有麻煩，父母總會插手干預，他有什麼必要用功？就像保險，當他知道自己有保險，就容易過度放鬆。

研究道德危機的賽局理論家，強力主張父母不應該幫孩子脫困。他們認為，比較好的辦法是提前立下嚴格的規則，這概念我們都很熟悉。賽局理論家認為，「選擇當下看似最好的方案」與「採用並堅守一個似乎不錯的規則」有其不同。

幾乎所有父母都曾立下規則，像是八點後不准看電視，然而當有特殊情況，就會想「例外一次無妨」，例外一次的想法即衍生了道德危機。如果孩子知道你容許例外，他們就會讓你陷入更多需要「例外」的狀況。到最後，規則就形同虛設。

假設你和兒子去逛糖果店，結果他拿了兩枝糖果棒要你幫他結帳。「不可以。」你說。你可能沒有意識到，面對兒子，你已經屈居下風。

「你只能買一枝。」你說，心裡想著自己有善盡家長的責任。兒子笑笑的說謝謝，然後就撕開糖果的包裝。若你決定妥協，等於是置兒子於道德危機中。他其實只想要一枝糖果棒，所以並沒有妥協的問題。

但過去的經驗讓他對你非常了解，兒子知道你可能會妥協，所以一次拿兩枝。如果你妥協，等於是促使他下次再提出比過去還多的極端要求。這次你同意買兩枝，日後情況就會更糟，下次兒子就會要你買三枝。

針對「促使孩子走極端」的問題，我們的解決方法是事先建立好規則，而且絕不容許例外，一次也不可以。我們明白規則與懲罰的重要性：當你的威脅前後一致，孩子會知道，當他不乖時，你真的會懲罰他。這會讓他不敢違反規則，亦即你可能不需要真的施以懲罰，而這也是你的初衷。同理，可以應用在道德危機上，你必須堅定不移，讓孩子了解規則並確實遵守，不論發生什麼事，都不出手援助。

總而言之，當你在跟孩子商討寫家庭作業的規則時，「委託人—代理人」模式可以幫你了解你與孩子之間的關係。而了解道德危機，則可以讓你明白何時應該堅持立場，拒絕妥協。

新教養觀點，讓孩子學雙贏

- 平常心接受自己缺乏資訊的現實。
- 設立鼓勵孩子用功的誘因，但注意別讓誘因過度或不足。
- 給予小進步獎勵，但成績愈好獎勵就要愈大。
- 小心道德危機，事先建立好規則，並且堅守到底。

CHAPTER

8

你的意思是不相信我嗎？

這種故事結局一點也不讓人意外——親子之間，常出現未竟的承諾；手足之間的約定，也常常無疾而終。賽局策略有助孩子鍛鍊意志力、培養信任與同理心，自動履行自己許下的承諾。

凱文八歲時，非常渴望擁有一隻貓咪，他已經不記得是什麼時候開始有這個念頭。不論原因為何，凱文很想有一隻貓是千真萬確。他一再和父母要求，但父母都沒有給他正面答覆。因為這可能是凱文一時的心血來潮，而且更重要的是，父母不確定自己是否想養貓。所以他們就跟所有的家長一樣，使出了拖延戰術。起初，父母說要搬到新家後才能決定。之後又說，凱文的父親要去德國工作幾個月，全家人也要一起去，等回國後再決定。但到了最後，凱文的雙親終於找不到其他藉口。

他們態度軟化，但前提是凱文必須承諾（承諾！），他會負起照顧貓咪的責任：凱文必須每天餵貓，清理貓沙，放貓出門，開門讓貓回家（一天數次）。凱文馬上就答應了，畢竟，清理垃圾哪花得了多少時間？

故事結局一點也不讓人意外。凱文和父母跑去動物之家，挑了一隻叫聲響亮的小貓咪。帶回家後，凱文照顧了牠幾個月。但後來，父母漸漸開始幫凱文收拾殘局。又過了一陣子，所有養貓的工作都落到父母身上。他們把貓養得很好——牠足足活了二十一歲！但凱文絕對稱不上是讓貓咪長壽的功臣。

為什麼總是無法遵守承諾？

凱文並沒有故意欺騙父母的意思。他真的很想要一隻貓，而且願意照顧牠。但凱文並沒有堅守承諾，沒多久就被其他事分散注意力。他開始把垃圾留很久都不清，有時還忘了餵貓。這時貓咪就會轉而向凱文的父母求助，讓他們知道有些事必須完成。凱文的父母也愛貓，所以沒有打算把貓退回收容所。

當然，不只父母和孩子間會出現這種未竟的承諾。兄弟姊妹之間的約定，也常常無疾而終。凱文的朋友瑞秋有個妹妹，在她們讀小學時常常侵犯她的隱私、闖進她的房間，把絨毛玩具依自己喜好重新擺放，試穿瑞秋的衣服，並擅自移動桌椅位置。每個有弟弟妹妹的人都知道，瑞秋很不喜歡這樣的行為。有一天，瑞秋要妹妹承諾（承諾！）不再進她房間。妹妹答應了，但瑞秋沒有去想要怎麼做，能讓協議生效。那天後來她出門一趟，結果回家就發現妹妹開心的在她房間玩耍。

家長彼此之間，也常常立下（並打破）約定。幾乎每個有新生兒的父母，都會遇到這樣的事：爸爸與媽媽（再度）被哭聲吵醒。他們（再次）爭論誰應該去把寶寶哄睡。爸爸（再度）承諾，若媽媽今晚去處理，明晚就換他。但是，當明天晚上到來，爸爸又（再度）想修改協議。

雖然「合約」一詞聽起來像法律用語，但上述三個承諾基本上都是一種合約。一方同意做X，藉以讓另一方同意做Y。全球的經濟行為都是在合約上進行，賽局理論家也花了很長時間思考合約的奧義。

在賽局理論的語言裡，協議失效都是因為雙方沒有創造一個強制執行合約的方式。雖然事前凱文滿口答應父母的條件，但當到了他該做事、把喜悅貓糧的罐頭從儲物櫃拿出來時，他寧可跑去玩耍。凱文知道爸媽可以幫忙照顧貓咪，所以一下就把責任拋諸腦後。瑞秋的妹妹不信守承諾，也是因為忽視姊姊的要求，不會有任何後果。爸爸想要重議約定，因為他不認為推掉照顧寶寶的責任，有什麼壞處。

我們都知道合約需要外在的強制執行力，日常的合約都是如此。當你簽下一紙買房屋的合約，代表你會得到一間房子（當然你要先付頭期款）。若賣家讓孩子自己找到不需訴諸最高法院（爸爸媽媽），就能自行達成協議的方法。

想反悔，政府會介入並幫你履行合約。每個買過房子的人都會告訴你，買房有很多灰色地帶，比方當你入住時房子多乾淨？什麼東西會留下，什麼東西會被拿走？

但合約的基本內容會被履行，否則（通常）賣家會被懲罰。孩子在與朋友或兄弟姊妹訂約時，往往也用外在懲罰來強制履行合約。這也是為什麼在遊戲時間，三不五時就會聽到有人呼喊「媽媽」。但若孩子能找到一個不需要訴諸最高法院（爸爸媽媽），就能達成合約協議的方法，豈不是更好？

學會從對方的角度思考

多年來，賽局理論家一直對不需房地產仲介、家長與其他VIP等「外力」介入，就能履行的合約很感興趣，學者稱為「自我履行」合約，你也可以將其中訣竅應用在家中。身為父母，你既不想涉入孩子間的爭執，也不想打電話請祖母來協助執行你與孩子間的約定，在生活的各個面向，都可以清楚看到自我履行承諾的存在。

自我履行合約的關鍵，在於賽局理論最知名的概念之一：奈許均衡。數學家奈許擴展了賽局理論裡均衡的概念，數年後這個概念就以他為名。奈許致力於預測人們在互相倚賴時互動的結果。

奈許的概念最好透過案例來說明，以下是一個簡單的案例。假設比利與蘇西約定，比利用他的棒球手套，交換蘇西的盒裝《飢餓遊戲》三部曲。為了避免有人不遵守約定，他們決定在同一時間交換物品。

這項協定就是典型的奈許均衡，若比利想遵守合約，他會假定蘇西也會遵守，而蘇西知道比利會履約，所以她也不會違約。這句話很冗長，但概念很簡單。若比利喜歡蘇西的書，勝過自己的棒球手套，他會樂意交換；若蘇西想要比利的棒球手套，勝過自己的藏書，她也會樂於交換。所以，這個交易是奈許均衡。

但凱文照顧貓咪的協議並不是奈許均衡，因為要父母先行動，他才需要行

任何親子協議要奏效，
必須先找出讓對方遵守合約的理由。

動。父母先買了貓，之後才會知道凱文是否遵守協定。所以，一旦凱文父母完成任務（買貓），凱文就失去遵守協議的動機。

同樣的，瑞秋的妹妹也沒有遵守承諾不進瑞秋房間的動機。在媽媽照顧寶寶一晚後，懶惰的爸爸自然想修改承諾。以上的協議都不是奈許均衡，因此都以失敗告終。

不只凱文與父母的協議如此，任何親子之間的協議，必須能夠自我履行（達到奈許均衡）才會奏效。想知道協議是否達到奈許均衡，必須先思考，當一方履行承諾後，另一方是否有動機照做。

再分享一個案例：假設父母與漢娜約定，如果她把房間收拾乾淨，他們就讓她在朋友家過夜。父母會很高興有一個屬於自己的夜晚，所以協議從他們角度看，能自我履行。但對漢娜呢？她究竟有多喜歡她的朋友，多討厭收拾房間？如果花時間與朋友共處的吸引力，大過收拾房間的反感，協議就能自我履行。但若熬夜講鬼故事不夠有趣，她就不會理會這項約定。

這對父母與孩子而言同樣具有難度：他們必須從對方的角度來思考協議。

凱文的父母認為他會遵守承諾，因為凱文未來會一直需要父母的信任。但事實證明，凱文並沒有這樣想。凱文並沒有太去思考未來，所以不在意打破承諾帶來的長期後果。因此，即便父母認為協議能自我履行，但結果不然。瑞秋讓妹妹承諾不進她的房間，但沒有想到要用什麼理由讓妹妹遵守承諾，她沒有從妹妹的觀點思考。最後，辛勤的媽媽也誤以為先生知道，當伴侶睡眠不足會有什麼長期成本。

以上這些案例，都有一方犯了新手錯誤——沒有站在對方的角度思考協議。若他們如賽局理論家一般思考，考量另一方是否願意遵守承諾，就會發現自己的錯誤。爸爸媽媽認為凱文「應該」遵守承諾是不夠的，他們應該思考凱文是否「想要」這麼做。

不需外力介入就可自動履約的賽局

如何設計出確實能自我履行的協議？現在我們要分享幾種，過去幾年來賽局理論家發現可以應用在家庭中的自我履行協議。

第一種被稱為「慣例」，在這種協議下，所有人都會基於短期利益遵守承諾。想想兩輛車在一條狹窄的路上相逢。在美國，兩輛車都會往右靠，以避免會車時擦撞。他們這麼做不是因為法律規定如此，而是預期對方也會這麼做。沒有人會為了瘋狂的理由往其他方向靠，雙方都有同樣的認知。而這也是慣例成功的原因：人人都會基於自身利益確實遵守。

早在人們為社會行為發展數學理論前，蘇格蘭哲學家休姆（David Hume）就指出，慣例是人類生活的核心。他對慣例的經典案例是，兩個人一起到湖上划小艇。大部分A型性格的人不會明講他們要怎麼划，只是默默跟上另一人划槳的節奏。當兩人的節奏一致，就會一直用同樣的速度往前划。為什麼？因為兩人都希望船能往目的地行駛。如果一人加速或慢下來，船就跑不快，所以他們會維持一致的速度。用現代的術語說，他們划行的速度達到奈許均衡。

休姆用簡單的慣例（如划艇）類比了許多社會上的規則。你無意間遵守了這些規則，然後就希望一直遵守下去，只要其他人照做。

休姆表示，這些規則不是源於明示的協議，而是人們覺得有用就一直沿用下去。經濟學之父亞當斯密（Adam Smith）用了同樣概念說明，市場會衍生對社會好的結果。亞當斯密認為，社會裡每個成員的小決定，就像一隻「看不見的手」引導社會走向更好的方向。休姆理論中，社會慣例是源自人們行為的微小改變，與亞當斯密認為，人類每天的經濟決定將引導整個經濟走向，兩者無疑有許多相似處。休姆與亞當斯密是朋友，雖然休姆的文章遠比賽局理論早出現，現代哲學家如加州大學爾灣分校的史蓋姆斯（Brian Skyrms）發現，他們可以用賽局理論的當代語言，重現休姆的真知灼見。

孩子自己也能建立慣例。他們可以自行約定誰要扮演王子、公主或動作英雄。雙胞胎可以約定穿不一樣的衣服，讓人們好分辨（或是總穿同樣的衣服，讓別人認不出來）。父母與孩子可以約定把睡前或晚餐時間，當做彼此分享的歡樂時光。母親與女兒也可以把兩人專屬的活動，定下特別的名字。（慣例對父母不一定都是好事：手足間可能會約定保守對方做壞事的祕密，所以他們都

> 若合作對未來的好處，大過眼前打破協議的誘惑，協議就會成立。

不會被抓到。）

雖然奈許指出，所有社會互動都存在某種自我履行協議，但有時候協議對人們不是好事。孩子可能會養成互不信任的習慣——「我不會相信他，他也不會相信我」。我們在第六章，也給了你另一個關於不良社會慣例的例子。還記得兩個孩子收樂高積木的故事嗎？媽媽對孩子說，如果房間很快被收拾乾淨，就會帶他們兩人去吃冰淇淋。很顯然，兩個孩子都想吃冰淇淋，但都不想要收拾房間。兩人都等著對方動手，結果沒人能吃到冰淇淋。

這個故事的問題在於，收拾房間不是一個自我履行的協議。即使他們同意一起整理房間，兩人都會想要偷懶，讓對方多收拾一點。但別忘了還有一個解決方案，當這類互動反覆發生，兩個孩子有可能同意合作（如果另一方合作）。若合作對未來的好處，大過眼前打破協議的誘惑，協議就會成立。

用未來的利益，促使協議生效

我們發現，孩子常讓彼此或讓父母陷入短期損失與長期利益的權衡，例如輪流，哥哥讓妹妹先玩電動，等於是用當下玩電動的快樂，交換未來更長的遊戲時間。我們也常用未來的利益，來促使協議生效。

例如凱文的父母認為他會遵守放貓咪出門的承諾，因為失去父母的信任對他未來有害無益；瑞秋認為妹妹會遵守不進她房間的承諾，因為她不想遭到姊姊的報復；新生兒的媽媽認為懶惰的先生會遵守隔夜起床照顧孩子的承諾，因為他想好好維持婚姻。但在上述例子中，未來的利益都沒有發揮效用。以凱文來說，為什麼他不認為拋下照顧貓咪的責任，會讓他失去父母的信任？

經驗老到的父母或許早已給了你答案，孩子就是不會這麼想。因為有時大人也沒有把未來列入考量，所以孩子這麼想，其實一點也不讓人意外。

在大人或小孩眼中，未來利益的價值往往比不上眼前的立即好處。這也是為什麼，凱文寧可去戶外玩耍，也不願去照顧貓咪，即便這麼做會帶來長遠的如何讓孩子更把未來當一回事？
是賽局理論最熱門的研究領域。

壞處——爸媽不再相信他。這也是為什麼爸爸對照顧寶寶，總是一再使出拖延戰術。他選擇倒頭大睡，即便這麼做會對婚姻帶來長遠的問題。

賽局理論家對於孩子與大人權衡短期成本與長期收穫的方法，十分感興趣。究竟對於時間的考量，會如何影響他們遵守或違背承諾的決定？學界有無數關於成人如何比較長期收穫與短期損失的實驗，因為箇中權衡會影響許多生命中的重要決定，為退休生活儲蓄就是一個顯而易見的例子。

人們把現在可以花用的錢存下來，留到日後再使用。如果他們的投資成功，退休時就能拿到比今日更多的金錢。所以為什麼不是人人都熱中儲蓄？畢竟如果投資得當，他們最後擁有的收入會比現在花掉的還多。

這個問題一開始是由一位不知名的思想家瑞伊（John Rae）在他一八三四年出版的書提出。瑞伊原本是蘇格蘭人，後來移民加拿大，他對當時非常受歡迎的亞當斯密提出諸多批評。這麼做讓許多思想家不與他為伍，結果瑞伊幾乎被眾人遺忘，直到多年後哲學家密爾（John Stuart Mill）出版了瑞伊的著作，情況才改觀。就如亞當斯密，瑞伊也想了解為什麼有些國家會在產業上大舉投資，進而強盛富裕，然而有些國家不這麼做。瑞伊認為，各國人民對於現在與未來消費的觀點，是造成差別的主因。姑且不論瑞伊對於世界不平等現象的解讀是否正確，他確實開啟了後人對於未來價值想法的研究。

瑞伊認為，若人們可以長生不老，而且十足理性，就一定會為了未來而投資。但可惜的是，人類壽命有限。而且更重要的是，我們不知道自己到底會活多久。如果還沒有等到投資成果，我們就嗚呼哀哉，那麼今日放棄的享受，就完全是個浪費。

瑞伊的解釋，也說明了為什麼許多協議無法自我履行。對凱文而言，未來有太多變數。他不知道若父母不再相信他，事情會有多糟糕，這個場景實在太遙遠也太模糊。瑞秋的妹妹無法想像姊姊的報復會有多嚴重。丈夫也無法預知，妻子明天會讓他如何的不好過。

研究人們如何為了明日的利益，決定延遲今日的享受，是行為經濟學與賽局理論最熱門的領域之一。其結論已經被應用在各種類型的問題上，雖然大部分研究把焦點放在成人身上，也有部分以兒童為對象。

別急著吃棉花糖

知名的棉花糖實驗讓人清楚窺見孩子是如何看待未來的獎勵。

第一次的棉花糖實驗，是在一九七〇年代由心理學家米歇爾（Walter Mischel）與其團隊所做，之後這項實驗又重複進行許多次。實驗有多個變形版本，但基本概念如下：帶一個年幼孩子走進一個放有美味零食（由實驗名稱可知，通常是棉花糖）的房間。告訴這孩子：「我等一下要離開，但幾分鐘後就會回來。你可以吃桌上的棉花糖。但若你先不吃，等我回來，除了桌上的棉花糖外，還會再多給你一個做為獎勵。」

在實驗的諸多版本中，心理學家會把孩子單獨在房間的行為錄影起來。結果既可愛又爆笑，在網路上都搜尋得到。孩子嘗試移轉注意力，試著告訴自己不可以把棉花糖吃掉，有些則是遊走規則邊緣，偷偷舔或捏一口棉花糖吃。有些等到測驗者回來才吃，有些則否。

這項研究得到大幅報導，因為在多年後的追蹤研究裡，米歇爾發現能忍耐先不吃棉花糖的孩子，在日後人生的多個方面都比較成功，結果讓數百萬的家長，為了孩子可能無法通過棉花糖測試而憂心不已。

米歇爾與其他心理學家，把棉花糖實驗視為一項自我控制實驗。孩子在理智上知道自己想要兩個棉花糖，但當有一個美味棉花糖擺在眼前，往往忍不住想吃掉它。理性告訴孩子要等待，但感性又吸引孩子現在就把好吃的棉花糖吃掉，我們都很熟悉這種兩個念頭交戰的心情。

米歇爾會如何解讀我們關於失敗協議的三個故事？在米歇爾眼中，凱文可能知道，若父母不相信他，未來問題會很大，但當他在院子裡玩耍，就是無法抗拒「再多玩一分鐘」的誘惑。瑞秋的妹妹知道自己不應該在姊姊的房間玩，但試穿姊姊衣服的吸引力實在太大。此外，懶惰爸爸知道自己應該要起床照顧女兒，但就是沒法離開溫暖的被窩。

為了讓協議自我履行，我們必須教導孩子（與自己）自我控制的重要。米歇爾在著作《忍耐力》中說明了，孩子能學習哪些策略來幫他們抵抗誘惑。米歇爾研究了兩種看待獎勵的方式，獎勵與情感的連結，被他稱為「一頭熱思

成功通過棉花糖測試的孩子，
較能避開「一頭熱思考」的模式。

考」。舉例來說，想到棉花糖可能有多好吃，滋味可能有多棒，就是一頭熱思考。另一種（你應該已經猜出來）被他稱為「冷靜思考」的則偏重理性，這些孩子會說：「我想要得到多一點棉花糖，所以我願意等。」

米歇爾表示，那些「成功」通過測試的孩子，往往能避開一頭熱的思考模式，他們會用其他遊戲讓自己分心。他們會轉頭不看棉花糖，或想像眼前的不是棉花糖，只是一朵蓬鬆的雲。這些策略會隨著年齡發展建立，米歇爾指出，**策略思考往往是從四或五歲開始萌芽，但也可以經由教導學會。**讓孩子知道如何控制一頭熱思考，運用冷靜思考，可以幫助他們抗拒人生中層出不窮的誘惑，像是垃圾食物或是把卡刷爆。

冷靜思考也可以促成更多自我履行的協議。如果凱文擅長冷靜思考，或許就會更把父母未來的不信任，當做一回事；若瑞秋的妹妹具備冷靜思考的能力，就不會隨便進入姊姊的房間；冷靜思考也能促使爸爸起床照顧寶寶。

米歇爾對於實驗的解讀得到許多心理學家的共鳴，但有些人對實驗結果有不同看法。他們認為這實驗測試的是，孩子如何比較眼前的價值，以及遙遠未來不確定的價值。那些立即把棉花糖吃掉的孩子，認為當下的美食比未來不確定數量的美食有價值。這個解讀實驗的看法，正呼應了賽局理論家，對成人權衡未來損失與短期收穫的見解。

新版棉花糖實驗

在另一個棉花糖實驗版本中，心理學家基德（Celeste Kidd）與她的團隊發現，若在實驗前，心理學家故意打破他與孩子的約定，孩子就比較可能先吃棉花糖。她認為，孩子先吃棉花糖可能不是因為缺乏自我控制，而是不相信承諾給他更多棉花糖的人真的會這麼做。如果他們完全不確定等待的好處，最理性的選擇就是先把眼前的棉花糖吃掉。吃棉花糖的孩子與等待的孩子可能同樣經過冷靜思考，差別在於他們對於未來有不同的預期。

凱文的一位賽局理論家友人凱琳就發現，在她初學走路的雙胞胎眼中，「未來」非常遙遠且充滿變數。凱琳其中一位女兒，會高興同意用「五分鐘內

孩子先吃棉花糖可能不是因為缺乏自我控制，
而是不相信承諾給他更多棉花糖的人真的會這麼做。

關掉電視」來換取一顆糖果。但當真的到了關電視的時候，她又哭鬧不休，認為這是世界上的最大不公。（聽起來有沒有很熟悉？）凱琳的另一個女兒則總是不願放棄眼前的小利益，來換取未來的大好處。用基德理論的說法，凱琳的年幼女兒對於遙遠世界會發生什麼事，一點也不在乎。

根據基德的理論，凱文不餵貓咪，是因為不確知父母信任的價值何在，或許他認為未來再也不需要跟父母達成任何協議（如果他這麼想，真的是大錯特錯）。瑞秋的妹妹再度跑進姊姊的房間玩耍，因為她不認為姊姊未來的信任有什麼大不了。表現不佳的爸爸，則嚴重低估未來同樣事件發生的機率。

所以你要如何應用基德的理論，讓孩子更把未來當一回事？**你必須做個值得信任的人。你的教養態度至關緊要，當孩子預期你會說到做到時，就會相信未來的好處真的會實現。**你也可以在家給孩子「延遲獎勵」的練習。要孩子在吃甜點前多等一下，若他們照做，之後就能拿到更多；或讓孩子多等一天，以換取多一些的零用錢。當他們發現你一次又一次的遵守承諾，就會逐漸相信未來的獎賞能夠實現。

當孩子愈來愈相信未來的好處將會實現，你就愈能訂立讓孩子自我履行的協議。因為孩子願意用短期的好處，換取長期更大的利益。當孩子有了這般想法，你就能用未來的獎勵吸引孩子完成當下的承諾。

凱文的父母可以對他說，若凱文遵守承諾，每天早上放貓咪出門，未來他們會更願意讓他獨當一面。如果凱文好好照顧貓咪，明年他們就允許他自己出門去玩。瑞秋可以跟妹妹說，若她不隨便進姊姊的房間，或許之後就會出借自己的玩具給她玩。在以上這些案例，未來的獎勵與懲罰愈可信，協議自我履行的機率愈高。

關於棉花糖實驗的解讀，究竟是米歇爾還是基德說的對，有許多討論與爭議。做為家長，你倒是可以同時把這兩種理論用在孩子身上。基德認為，孩子對於「是否要為了未來的好處，擱置眼前享受」的抉擇上，可能兩種理論都解釋得通。不論哪個理論正確，它們都認為家長可以幫助孩子為了未來的重大收穫，放棄短期的刺激享樂。

當孩子開始關心別人的處境時，
協議就能從無法履行轉為自我履行。

協助孩子從他人角度看世界

想達成自我履行協議還有最後一個絕招：**教導孩子發展同理心**。當孩子不只在乎自己，還開始關心別人的處境時，協議就能從無法履行轉為自我履行。瑞秋的妹妹喜歡隨便進姊姊房間，部分原因是，她不明白這麼做會讓姊姊生氣。當凱文不清理貓沙，看起來問題只在貓沙本身，實際上是他沒有了解到這樣做是把髒亂留給父母收拾。爸爸則是不了解，當媽媽獨力照顧新生兒，是有多灰心沮喪。

賽局理論家給同理心取了另一個名稱：「涉他偏好」（*other- regarding preferences*），雖然名稱不太好懂，但概念很重要。賽局理論家（就像廣義的經濟學家）常常受到不公平的指責，認為他們把所有人都看做是唯利是圖的自私鬼。這個指控有一小部分是對的，一些賽局理論的應用確實以此為假設。但其實賽局理論的彈性非常大，各種企圖與目標都可解釋。就如賽局理論家賓摩爾所言：「對於寧可賣掉自己身上衣服、也不願見嬰兒哭泣的聖人，（賽局理論）也能輕而易舉的建立分析模型。」

涉他偏好令人振奮的一點，在於它可以迅速把互動由負面轉為正面。例如，在第六章囚徒困境的情境，哥哥與妹妹對於如何一起收拾樂高積木，一直無法達成協議。如果我們能讓兩者都以同理心看待對方，合作的協議就能自我履行。當妹妹不在乎哥哥的工作量時，就會盡可能讓自己少做一點。但若她在乎哥哥的感受，就會發現哥哥收拾得有多認真，進而覺得慚愧。這時，她就會想要遵守承諾。

培養兒童的同理心，是一段需要大人參與的長久過程，但賽局思考可以幫上忙。賽局理論家在分析社會情境的第一件事，是從四面八方的角度進行觀察。每個人究竟是如何忖度目前的狀況？各個選擇對他有哪些好處與壞處？各個結果是經過哪些考量？心理學家表示，協助孩子從他人的角度看世界，可以幫他培養同理心。當孩子開始設身處地為別人想，就會發展出同理的能力。這項能力發展得很緩慢，從四、五歲到成人期都屬於養成階段。當孩子的同理心逐漸養成，你就會發現愈來愈多協議能夠自我履行。

新教養觀點，讓孩子學雙贏

- 擬定孩子想遵行的自我履行協議，幫助孩子信守承諾。
- 慣例是對每個人短期有利的承諾，也是最強大的自我履行協議。在能用時，盡量使用。
- 對孩子言出必行，並教導他們冷靜思考，有助他們抗拒短期誘惑，並遵守自己許下的承諾。
- 同理心可幫助孩子了解違背承諾有多傷人，也能協助他們發展涉他偏好。

CHAPTER

9

不要指揮我該做什麼！

家人之間如何做出皆大歡喜的決定？
到底誰說了算？
當簡單多數決無法定勝負，
有個賽局策略稱為「隨機獨裁者」，
可幫助你快速做出公平決定。

今天是家庭日，全家人正準備一起出門吃晚餐。這回媽媽、爸爸、金姆與麥克斯一致同意，晚餐後要回家玩桌遊。現在，問題只有晚餐要到哪裡吃？爸爸想吃日本料理，義大利菜也可接受，最排斥吃速食；媽媽則是喜歡義大利菜勝過日本料理，但跟爸爸一樣，也不想吃漢堡快餐。

全家決定投票表決去哪吃飯。爸爸先選日本料理，接著媽媽選義大利菜。最後，兩個孩子竟異口同聲大喊：「麥當勞！」

結果麥當勞勝出，爸爸媽媽不得已只好跟著去吃速食。

但爸爸媽媽不知道的是，孩子們早料到這樣的結果。麥克斯喜歡漢堡王勝過麥當勞（金姆的最愛）。在家庭會議前，金姆把麥克斯拉到一旁說：「如果我們意見不同，最後就是由爸媽決定。但如果我們聯合起來，把兩票投給漢堡店，他們就得聽我們的。」

兩人協議沒多久，金姆與麥克斯就決定，這次要一起把票投給麥當勞，下次再一起把票投給漢堡王。可憐的爸媽對於他們的計畫毫不知情。

人生無處無賽局，有時必須選次佳選項，以避免最糟結果發生。

一開始就輸了

賽局理論家把金姆與麥克斯的行為，稱為「策略性投票」。麥克斯在某種程度上是跟制度對賭：他把票投給第二選擇，而非自己的首選，但至少吃到速食，跟他想要的沒有相差太遠。如果他不採策略性投票，最後可能得被迫吃辣味鮪魚手捲。

要從兩個選項中挑選一個，抉擇十分容易，不論選項是兩家餐廳、兩個旅遊地點或兩項活動。在這些情況下，賽局理論家一致支持多數決原則：大家都投自己的最佳選擇，以最多人投票的選項為準。

基於兩個理由，賽局理論家喜歡多數決投票：當只有兩個選擇時，就不會有策略性投票，人人都會誠實投票，因為沒有動機投給不想要的選項。畢竟，這麼做沒有任何好處，投不喜歡的選項，對自己有害無益。此外，賽局理論家認為，多數決投票是唯一「公平」的方法。

但假如現在有三個選項呢？若你們有三家候選餐廳，情況就會變得比較複雜。當爸爸媽媽同時提出義大利菜與日本料理的選項，其實已經輸了一半。人生無處無賽局，比較好的做法是，自己先進行一場策略性投票，若兩人都投義大利菜，至少跟孩子打成平手，讓最終結果不會又是麥當勞。

賽局理論家在討論多選項投票的複雜度上，已經有至少兩百年的歷史。孔多塞（Nicolas de Condorcet）是法國哲學家、數學家，也是最早擁護法國大革命的一員。然而在孔多塞主導的革命轉而與他為敵後，他就因不明原因過世了。雖然孔多塞公開讚揚民主，但他也給政府體系創造了一個最麻煩的問題，亦即今日所稱的「孔多塞悖論」（Condorcet paradox）。

為了說明這問題，讓我們回到一開始的家庭成員——媽媽、爸爸與金姆（這時麥克斯還沒有出生）。家人要決定週五晚餐後的家庭時間要做什麼。他們居住的城鎮不大，只有三個選項：電影院、迷你高爾夫或待在家的活動，像是看電視。圖一是每個人對這些選項的想法。

你應該已經發現我們遇到了一些問題。假若我們進行一項多數制選舉，大家投給心中首選，得到最多票的選項勝出。若有三個選項、三個投票人，每個人投自己的首選，最後就是三個選項平手：媽媽投給電影、爸爸投給迷你高爾夫、金姆投給電視。

這問題看似很好解決，把決定拆成一系列的兩兩對決不就得了？

爸爸媽媽會先舉行一場「初選」，這聽起來對家人很容易。首先，大家先就要看電影或打迷你高爾夫球投票。得勝的選項再和電視比，讓大家投票。喜歡看大學籃球賽的球迷，或許對圖二已經非常熟悉。

當家人在初選投票時，媽媽與金姆都會投給電影而非高爾夫，因此爸爸的選項在第一輪就被排除（讓我們暫且假設每個人都誠實投票，沒有策略性投票）。媽媽投給電影，因為那是她最愛的活動。即便不是首選，金姆也投給電影，因為電影比迷你

圖一　媽媽、爸爸與金姆的賽局

	媽媽	爸爸	金姆
首選	電影	迷你高爾夫	電視
第二選擇	迷你高爾夫	電視	電影
最末位	電視	電影	迷你高爾夫

高爾夫有趣。所以電影贏得初選，晉級到第二輪與電視較量。這次，爸爸與金姆都一起投給電視，媽媽的選項被判出局。電視大獲全勝，對吧？話別說那麼早。

投票方式會決定結果

媽媽可能會大聲抗議。為什麼初選是電影對上迷你高爾夫？何不把流程調整一下？這次，讓我們從迷你高爾夫與電視先行比試，得勝選項再與電影對決。這個調整的流程，竟得到與之前截然不同的結果。（見圖三）

這時家人最終的決定是去看電影！

在沒有人改變心意，對三個選項的喜好排序都一樣，也沒有人採策略性投票，人人都完全誠實，下次再調整投票順序，結果竟然隨之改變，現在你可能覺得有些不安。而且情況還可能更糟，如果我們用最後這種方式安排選舉，會得到第三種結果。（見圖四）

圖二　電視勝出

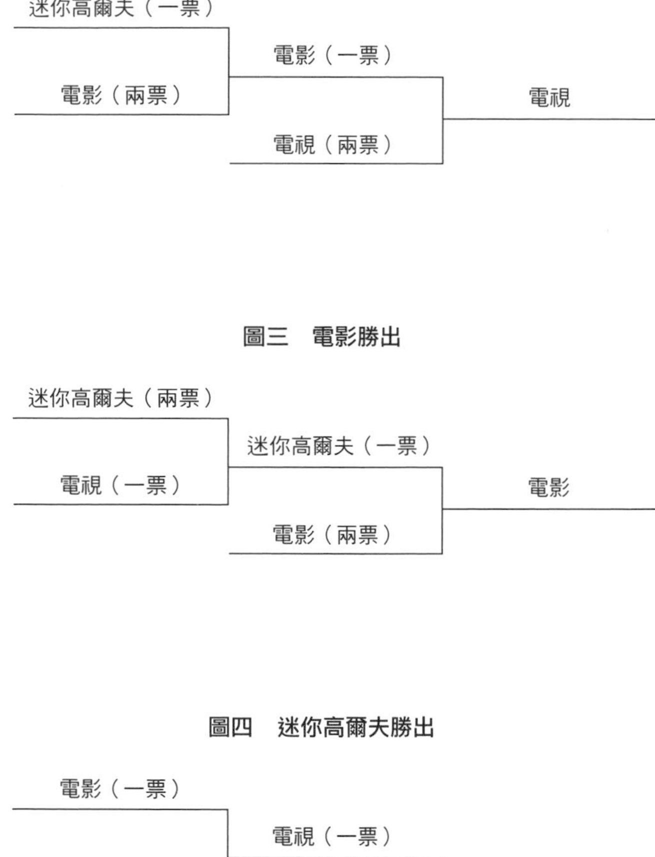
迷你高爾夫（一票）
電影（兩票）
電影（一票）
電視（兩票）
電視
圖三　電影勝出
迷你高爾夫（兩票）
電視（一票）
迷你高爾夫（一票）
電影（兩票）
電影
圖四　迷你高爾夫勝出
電影（一票）
電視（兩票）
電視（一票）
迷你高爾夫（兩票）
迷你高爾夫

這次爸爸可開心了，因為他們可以去打夜間高爾夫。

現在我們看到結果十分混亂，三種不同選舉，得出三種不同結果。所以，與其爭論要去哪裡，家人反倒會爭論起，應該採取哪種投票安排。他們應該就這議題投票嗎？恐怕無效，因為有三種選舉方法，每個都會得出不同的結果。每個家庭成員都有自己中意的選舉模式，問題將沒完沒了。

所以多數決投票在此無效，不論怎麼做，都會落入三方平手的局面；設立初選制度也沒有用，因為家人無法就初選的流程達成共識。這問題到底要用什麼方法解決？這問題顯然很難解決。兩個數學計算的結果顯示，在團體決策中，「最佳」的解決方案可能一點也不好。不過，知道這點也小有幫助，因為你就不會要求太多。此外，我們可以解釋為什麼家庭決定非常難達成。在本章最後，我們會給你兩個由賽局理論家設計用來解決這類難纏問題的最佳方案。

民主最初遇到的兩個知名問題，被稱為「阿羅的不可能定理」（*Arrow's impossibility theorem*）。此定理是以諾貝爾經濟學獎得主阿羅（**Kenneth Arrow**）為名。阿羅的投票箱非常複雜，投票人要寫下他們對所有選項的喜好排序。所以金姆會把電視列為首選，電影次之，最後是迷你高爾夫。如果喜歡，甚至可以把兩個選項列為平手。在記錄所有的選票後，電子投票箱會把所有的選項做出一個整體排序（也有可能是平手）。

對於這個投票箱，阿羅設立了四個條件，確保它能合理運作：

- 沒有獨裁者：這點顯而易見，意思是投票程序不會讓其中任何一人為所欲為。
- 一致同意：如果所有人都喜歡迷你高爾夫勝過電影，投票箱就會把迷你高爾夫排在電影前面。
- 通用性：不論我們投什麼，黑盒子都會生出結果，不論哪種模式的投票都不會讓機器當機，或是生不出結果。
- 無關方案獨立性：這點最複雜，至今也最受爭議。概念是，如果我們只比較迷你高爾夫與電影，投票機只會看投票人對這兩個選項的意見，不會考量其他選項的排序。

如果你只有兩個選項，多數決投票能輕易滿足這四個條件。可惜的是，若選項超過兩個，麻煩就大了。阿羅證明了，當有三個（或更多）選項，就無法打造出完全滿足以上四個條件的投票機。如果你滿足了三個，就一定會違反第四個，至少有些時候是如此。

從數學到哲學等多元領域的學者，都在爭論要如何解決這個問題。如果我們要進行一場有三個選項的選舉，就會違反阿羅其中一個條件。那要拋棄哪一個條件？有些人建議捨棄通用性。或許我們不需要每次奏效的投票機，只要大多數情況能用即可。投票人不是把自己視為左派，就是視為右派，至少在美國如此。或許我們能做出一個，當選民有鮮明政治立場才能運作的黑盒子。事實上確實可行。但你也知道，當父母認為自己最了解孩子的好惡時，往往會發現事實不然。若你的投票系統沒法處理這些狀況，就會陷入大麻煩。

因此，大部分的學者建議捨棄第四個條件（無關方案獨立性）。若你放棄這個條件，許多不同的投票制度就能實現。經濟學家暨數學家薩瑞（Don Saari）就提出一個，以十八世紀法國思想家波達（Jean-Charles de Borda）為名的投票制度。你可能不知其名，但早已採用了這項制度，它被稱為波達計數法。

當投票採波達計數法，你必須把所有選項排序。每個人把給分交給媽媽，然後媽媽再將每個選項的排序加總，總分最低的選項獲勝。

讓我們用一個會隨著猶豫不決、意見不合，而壓力愈來愈大的決定——去哪裡度假，來說明它的運作方式。假設媽媽、爸爸、金姆與麥克斯把選項限縮到三項：主題樂園、海灘或住家附近的「宅度假」。圖五是每個人選項的示意圖。媽媽與爸爸都想選宅度假，這選項不但省錢，在去當地博物館參觀的旅程間，還可以幫房屋完成一些必要的整修。但若一定要出遠門，媽媽與爸爸比較想去海灘。金姆與麥克斯都很討厭宅度假的主意，但他們的首選

圖五　爸媽與麥克斯、金姆的賽局

	媽媽	爸爸	麥克斯	金姆
首選	宅度假	宅度假	六旗遊樂園	海灘
第二選擇	海灘	海灘	海灘	六旗遊樂園
最末位	六旗遊樂園	六旗遊樂園	宅度假	宅度假

不一樣，金姆想去海邊，麥克斯想去六旗遊樂園。

如果只是計算家人的首選，宅度假會以兩票獲勝，因為主題樂園與海灘都只有一票。孩子一定會大喊不公平，這次賽局理論家則站在孩子這一邊。原本的問題在於，當忽視人們的第二選擇，就會失去折衷妥協的機會，而這也是波達計數法要解決的部分。

若我們採波達計數法，以下是得出的結果：主題樂園的分數不太妙，它得了兩個三分、一個一分、一個二分，所以總計是九分。（別忘了，波達計數法就像打高爾夫，數字最小的才是贏家。）這顯示主題樂園的排名比宅度假低。只好跟麥克斯說抱歉了，贏家會是別人。海灘得到三個兩分（媽媽、爸爸、麥克斯）與一個一分（金姆），所以總計是七分，成為最後的贏家。海灘只是一個人的首選，但所有人都可以將就這個選項。

忽視人們的第二選擇，可能會引發超越家庭旅遊的嚴重後果，這也是困擾二〇〇〇年美國總統大選的問題之一。許多投給綠黨候選人納德（Ralph Nader）的選民，寧可民主黨高爾當總統，也不願共和黨的布希勝選。若所有投納德的人把票轉給高爾，民主黨就會贏得新罕布什爾與佛羅里達州，全面翻轉選舉的結果。因為這個結果，許多政治偏左的人，對於納德破壞了選舉，至今仍感到憤怒。不過，賽局理論家可能會歸咎於我們的投票制度。

雖然很多學者喜歡波達計數法，它也有其缺陷，容易被聰明的選民（或早熟的孩子）操縱。讓我們回到孔多塞悖論，媽媽、爸爸與金姆要決定全家的飯後活動，是迷你高爾夫、電影或是電視。現在假設金姆是個賽局理論家，他建議投票新增第四個選項：拜訪古怪的賴瑞叔叔。沒有人喜歡賴瑞叔叔，這自然是每個人的最末選項。當加入了賴瑞叔叔，大家的實際偏好如圖六所示。

圖六　爸媽與金姆的賽局

	媽媽	爸爸	金姆
首選	電影	迷你高爾夫	電視
第二選擇	迷你高爾夫	電視	電影
第三選擇	電視	電影	迷你高爾夫
最末位	賴瑞叔叔	賴瑞叔叔	賴瑞叔叔

加入一個糟糕選項，竟讓輸家變贏家

如果人人都誠實投票，波達計數法不是特別有用，它給了三個「真正」的選項平手：電影、迷你高爾夫與電視。每個選項都得到六分。賴瑞叔叔得到十二分，根本不是對手。但別忘了，金姆有個祕密計畫。他這次選擇不要誠實投票，聲稱自己很喜歡古怪的賴瑞叔叔。現在金姆的給分從一到四依序為電視、賴瑞叔叔、電影、迷你高爾夫。金姆沒有改變想法，只是耍了小手段。如果爸爸媽媽仍是誠實投票，但金姆採策略性投票，問題就會出現。這時，電視以六分贏得波達計數法。電影與迷你高爾夫得七分。賴瑞叔叔得到比較好看的十分。

藉著加入一個必輸的選項，並用它操縱投票，金姆的首選得以勝出，而不致與另外兩個選項打成平手。這個例子說明了，當加入一個糟糕選項，反倒可以讓輸家變成贏家。

當波達被告知，他的投票方案可能被老謀深算的選民操縱時，他大聲疾

最後贏家可能只是一個人的首選，
但是所有人都可以將就的選項。

呼：「我的方案是設計給誠實的人用的！」但不論如何，策略性投票總會招致問題，因為你沒辦法確認孩子（或配偶）是否誠實。

結果顯示波達計數法和其他方案沒有太大不同：幾乎所有投票方案，都容易被策略性投票操縱。你或許已想起，我們提到由數學角度看，民主還有第二個問題。這個問題稱為吉伯德—薩特斯維特定理（*Gibbard-Satterthwaite theorem*），它也是以發現者為名：密西根大學哲學家吉伯德（Allan Gibbard）與西北大學經濟學家薩特斯維特（Mark Satterthwaite）。

吉伯德與薩特斯維特考量了電子投票箱所有可能的確定性設計。「確定性」意指，該機器從不擲銅板做決定，只要輸入一樣，產出結果必定相同。吉伯德與薩特斯維特證明了，你能想得到的所有確定性投票方案，都會受策略性投票影響（至少某些時候如此）。

這個結果對總統到家長，都是個壞消息。無論如何，我們都無法設計出一個能選出最好領袖或度假地點的制度。但這消息也讓人鬆一口氣，若你永遠沒法達成家庭決策的共識，不必感到難為情。

雖然沒有投票方案十全十美，賽局理論家正試著找出是否有哪種投票方案較佳。對於如何評斷較佳方案存有許多歧見，因為有太多不同的衡量方式（還記得我們在定義「公平」上有多費心），而且有多種投票類型。

與其立即參與辯論，我們決定先告訴你另一個方向。這些選舉制度都有個共通點，就是把「避免獨裁」當做要務，畢竟我們已為此有過一次革命。除了避免獨裁，這些投票方案也排除了隨機性。人們絕對無法接受，一個國家的總統是由抽籤決定。所以學者如阿羅、吉伯德與薩特斯維特，把重點放在沒有獨裁者，也不具隨機性的選舉方案上。

不過吉伯德確實建議，可以考慮逆向操作。他建議的兩種不同方案，都明確的把擲銅板決定做為選舉的一部分。

隨機選擇將選項減至兩項

在看完我們第二章的批評後，你可能會很訝異我們建議擲銅板決定。你可以試試我們列舉於此的解決方案。你能把選擇餐廳或家庭旅遊的權利拿來拍賣。不過，困難在於，有時根本找不到適用的公平貨幣。媽媽與爸爸有比較多金錢，而孩子有比較多時間。所以在做家庭決定上，我們決定應用吉伯德提議的兩個解決方案。我們把第一項稱為隨機選擇，第二項稱為隨機獨裁者。

隨機選擇是把選項削減為兩項，這麼一來投票就行得通。家人從所有選項開始，爸爸把全部選項放入一個大帽子，隨機抽出兩個，而這兩個就是家人的選項。比方，決定今晚要吃義大利菜或麥當勞。

家中每個人都要就這兩者投票，以簡單多數決定勝負。吉伯德指出，這個做法可以避免策略性投票的陷阱。但這麼做也有其代價：有時兩個選項都一樣不受歡迎。假若大家都不喜歡珊蒂三明治與阿班漢堡，卻抽到這兩個怎麼辦？

此時，你或許就要限制有哪些餐廳能進入候選名單。你可以讓每個人寫下一家餐廳，或是投票表決有哪些餐廳入選。不過可惜的是，賽局理論家並不看好這樣的解決方案。人們會策略性的選擇要寫下哪家餐廳，或是投票讓一些選項出局，促使自己的首選比較容易勝出。

隨機獨裁者解決多數決困境

所以，我們建議你採用隨機獨裁者方案。以下是運作方法：首先，每位家庭成員要在一張紙寫下自己的首選。這些字條都會被放進一個大帽子，然後隨機抽出其中一張，字條上的選項就是贏家。這個方法被稱為隨機獨裁者，因為有一個人會成為獨裁者，大家都要聽他的意見。但獨裁者是被隨機選出來的。

如果這個方法被用在美國這樣龐大的國家，缺點將十分明顯。只有一小撮的人有機會成為獨裁者，其他人則被完全排除於政治進程外。吉伯德當然不會建議我們把這個方法用在國家事務上，但若用於一再出現的家庭決定上，倒不失為一個好方法。

隨機獨裁者方案如何用在本章開頭的晚餐決定上呢？還記得，爸爸想吃日本料理，媽媽想吃義大利菜，麥克斯想吃漢堡王，金姆喜歡麥當勞。金姆使計讓麥克斯投下策略性一票，投給麥當勞而非漢堡王。如果爸爸媽媽採用隨機獨裁者方案，麥克斯就沒有任何理由投給麥當勞。如果他被選為獨裁者，他會要全家去吃漢堡王。如果沒有選到他，他投的票寫什麼就一點也不重要。所以在這情況下，策略性投票沒有任何意義。媽媽與爸爸可能還是得吃麥當勞，但至少可以放心不會被孩子將一軍。

新教養觀點，讓孩子學雙贏

- 當只有兩個方案供選擇，多數決投票最公平。
- 謹防內定選項或否決者，不要設定一個當大家無法達成共識時就必須接受的選項，也不要給任何人否決權。
- 當你有超過兩個選項時，波達計數法不啻為一個做決定的好方法。
- 隨機獨裁者是另一個決策的好方法，能確保策略性投票不會出現。

結語

飛離舊巢

不論你是否意識到，在教養孩子上，
你希望自己在孩子眼中是講道理的，
也希望教出講理的孩子，
賽局策略幫助你輕鬆做到。

保羅和太太最近邀請大女兒與她的未婚夫來家裡用晚餐。晚餐中，年幼的兒子零零星星的參與了幾次對話。在沒有和客人說話時，八歲小男孩忙著用Kindle玩「當個創世神」。五歲男孩則拉著客人到他的房間，展示自己在夏令營做的模型，以及想要客人跟他玩的遊戲。當保羅溫和的要求他讓客人好好坐下吃晚餐時，兒子抗議了。「不是說當有客人來時，我要表現好嗎?!」兒子說。男孩不是要讓客人無法專心吃晚餐，而是想用邀請參與來展現殷勤。

保羅與太太喜出望外。在沒有他們的指揮下，孩子就認定分享作品與玩具，是對晚餐客人展現友好的方式。保羅和太太想不起曾這樣對他說，他們是否不自覺的做了正確的事？抑或只是剛好幸運？

賽局理論家對孩子生命裡最重要的轉變——從家庭走向更寬廣的世界上，有許多實用的分享。保羅年幼的孩子離這階段還有些遙遠，不過現在就可以想想，孩子在進入廣闊世界時，需要具備什麼工具。讓我們來審視一下這座銜接家庭與社會的橋梁，並討論自己可以且應該做什麼，來幫助孩子跨越這階段。

對許多家長而言，離巢已跟終點站非常接近，該是放手讓孩子高飛的時候。在思考如何協助孩子適應文化與社會常規時，我們必須弄清楚究竟什麼是社會常規。

賓州大學哲學家暨賽局理論家比基耶里（Cristina Bicchieri）花了很長時間，研究社會常規的起源與本質。她把社會常規稱為「社會的文法」，同時確認了社會常規的多種形式。比基耶里寫道，社會常規「就像社會的一種無聲語言，體現了社會的價值與集體欲望，是我們橫越未知國度的安全指南，是讓人群團結一致的一般做法。」

有些常規出自偶然。青少年碰巧穿了相同的服裝，沒多久這種衣服就有了特殊意涵，接著愈來愈多青少年加入這項潮流——每個人都穿的衣服，他們也想穿。有些常規則來自對既存規範的挑戰。在一九六〇年代，一般男士都是剪短髮，披頭四卻用他們的「長髮」帶動起一場文化革命。以今日的標準來看，披頭四的髮型實在中規中矩，很難想像為什麼會激起這麼多討論——除非你明白，那是因為披頭四的髮型違反了社會常規。

身為父母，我們常會關心自家青少年穿什麼，不過他們的服裝常與「利社會」（pro- social）或反社會行為無關。有時帽子就只是帽子，我們應該更注意與「利社會」行為相關的顯著常規。比基耶里寫道，這些行為包括「合作、守信用、互惠、公平」，被稱為是「讓社會順利運作的重要常規」，甚至是社會存續的必備要素。確實，當進行最後通牒賽局，「利社會」行為可以產生公平的分配。「利社會」行為的出現，遠早於人類建立懲罰違反社會常規的機構。

人們的公平意識是自然出現的。還記得，最後通牒賽局是一人必須與另一人分錢，提議者的分法要讓另一方必須覺得公平、願意接受，否則兩個人將什麼也得不到。「認同並遵循常規，同時樂於懲罰違背者的傾向，從演化上來看，是創造並維護所有公共利益的必備要件。」比基耶里寫道。同時，欺騙的企圖（我們稱為「未被發現的背叛」），也早在人類出現前就已存在。

比基耶里也觀察了孩子對社會常規的反應。她與研究團隊發現，孩子雖不若成人世故，但已經開始策略性的運用他們對社會常規的知識。不過當成人思考自己違背常規是否會被發現時，行為就會改變。「當有可能被制裁時，人們傾向遵循常規，然而當不會被發現，就把規則拋諸腦後。」比基耶里與團隊寫道。孩子比較不擅長判斷自己違反常規的行為會不會被發現。（父母很慶幸！）

比基耶里和團隊請八到十歲的孩子玩最後通牒賽局，發現孩子的決定，部分是基於他們猜測另一方的可能選擇。孩子會從利己的角度出發，試著運用所知的資訊。因此，當孩子可以把不公平歸咎於外界因素時（在這案例是擲銅板），就會選擇有點不公平的結果。

加州大學洛杉磯分校人類學家與賽局理論家斯克（Joan Silk）同樣也在孩子身上，進行賽局理論測試及其他實驗，藉以了解「利社會」行為的心理。她的研究顯示，人類從幼年就意識到社會常規的存在。「人們注重自己的名聲，」斯克對我們說，「人們重視這些事物，即便是對他們不認識的人。人們會幫別人拉住打開的門，參加各帶一道菜的晚餐聚會時，不會只帶自己喜歡的食物。」我們不會對此感到驚訝，因為早就知悉同理心與關心在家庭扮演的重要角色。進階到與他人合作，才是讓人類與眾不同的原因。斯克曾尋找其他靈長類動物同理心與合作的證據，結果差得很遠。包括大猩猩的非人類的靈長類動物，大多只與互動頻繁的親戚、配偶與夥伴合作。斯克寫道，人類是「不尋常的猿類」。我們跟陌生人合作，而且十分頻繁。

斯克想問的問題是，我們怎麼會這麼做？

「我們在幼稚園教導孩子分享，我們的想法是除非我們有教，否則孩子不會這麼做，」但斯克想要進一步研究，「這是真的嗎，還是我們天生會發展出慷慨的傾向？我們傳達給三、五歲小孩的訊息，可能影響並不大。或許當他們長大，這些話的效果才會顯現。」

她與團隊和三百二十六位從三歲到十四歲、來自六個地區的孩子，以及一百二十位來自五個地區的成人，做了一系列的賽局實驗。參加者包括剛果盆地的狩獵採集者、納米比亞與亞馬遜的農人，澳洲與美拉尼西亞的掠食者，以及洛杉磯的居民。

其中一項賽局研究，是昂貴分享賽局（Costly Sharing Game），參加者有兩個選擇，一是自己保留兩份食物，另一是分享一份給別人。分享有其代價。

在「利社會」賽局中，參加者可以選擇自己有一份，別人也有一份。參加者不用為這項分享付出任何代價。當斯克與團隊進行一連串這類的賽局實驗，並分析數據後，有了一個驚人的發現：年幼孩子比年長孩子更常出現昂貴的「利社會」行為。

來自不同文化的三、四歲孩子，在「利社會」行為上幾乎沒有差異。很顯然，孩子沒有受到該文化社會常規太大的影響。但到了童年中期，七、八歲的階段，就開始表現出該社會的價值觀。來自洛杉磯的孩子開始顯現與剛果及亞馬遜孩子的不同之處。人人都體現各自社會的常規。

這個改變出現的年紀聽起來很耳熟，我們之前曾討論過，孩子在童年早期，才剛開始發展公平意識。**到了童年中期，孩子開始對不公平感到不自在，即便他是受惠的一方。**「即使在幾年前就已知道共同的社會常規，孩子往往是到童年中期才開始順應遵循。」斯克與團隊寫道。

在昂貴分享賽局中，可以看到最大的文化差異。在賽局中，孩子要分享自己的糖果，所以是一項有代價的行為。實驗顯示，不論哪種文化，孩子年紀愈大，對不需付出代價的分享愈慷慨。但對於有代價的分享，年長的孩子就會依循該文化中成人的社會常規。「利社會」行為的發展來自「與當地既有文化的複雜互動。」研究團隊寫道。

如果我們善盡職責，運用賽局理論與全副才智鼓勵孩子舉止合宜，這樣的轉變應該是理所當然的結果。

斯克對孩子遵循社會常規，抱持樂觀的態度。「這是一個可以學習的課題，如果我們認為慷慨寬大很重要，就以身作則並認真教導。我們認為孩子很自私，其實不然。孩子稟性善良，我們也教得不錯。只要我們傳達訊息，他們都認真回應——你也知道，就是友善待人。孩子不是自私鬼，他們生來就會關懷他人——如果我們不搞砸，孩子就會順利成為一個舉止完美得體的人。」

「要訣在於跟孩子解釋，為什麼當他遵守道德準則，會擁有更好的生活。因為道德與無私的短期代價，可以讓他長期受益。」

如本書一開始所述，我們提出賽局理論家對孩子與家庭的觀點，並不是要把人變成權謀之士，或是熱中與孩子比試或對賭的家長。賽局理論幫助我們了解為什麼分享、誠實與合作有其道理。我們可以和孩子玩數年的最後通牒賽局、囚徒困境與其他賽局理論遊戲，再讓他們進入複雜的外在世界。賽局理論可以幫我們了解孩子的行為動機，也讓我們知道可以怎麼做來緩解家庭的緊張，或教導孩子公平、慷慨與分享的概念，這些概念都會讓他們變得更好。」斯克表示。

建議你可以和孩子多玩這些賽局遊戲。我們希望能幫你緩解部分的家庭衝突，或甚至將之一掃而空。我們也希望本書能讓你協助孩子，對家門外的世界做好準備。你會發現，了解賽局理論對自己也大有幫助——包括你的工作，以及如何與親戚朋友相處。

養成看孩子參與賽局的習慣，並享受與他們一起玩的過程。當你努力克服育兒的挑戰時，玩賽局遊戲也可以為你和伴侶帶來歡樂。最重要的是，好好享受親子時光。孩子是小小策略家，也是最友善體貼的人。

謝辭

我們兩人為這本書請教了許多學者、朋友與家人。在此我們要花些時間好好謝謝他們。

首先要謝謝我們的編輯孟恩（Amanda Moon），她介紹我倆認識，在各方面協助打造了這本書，偶爾甚至要用賽局理論的技巧來管理她任性的作者。她與助理加拉格爾（Laird Gallagher）給了我們許多重要且實用的建議。我們最欣賞的文字編輯戈特利布（Annie Gottlieb），屢屢把我們的點子榨光，對此我們心存感激，雖然在寫書當時我們可能不會這麼說。

我們也要謝謝FSG的賀爾方（Debra Helfand）、沃爾夫（Lenni Wolff）、旭弗（Lottchen Shivers）、伯歐爾特（Scott Borchert），以及《科學美國人》總編輯迪克里斯蒂娜（Mariette DiChristina）。這本書的構想來自華樂絲（Jennifer Breheny Wallace），當時她採訪凱文並撰寫一篇關於賽局理論與育兒的報導，刊登在《華爾街日報》上。要謝謝她給我們這個靈感。

凱文糾纏了許多賽局理論家好友，請他們提供構想與方向。他要謝謝伯格斯特龍（Carl Bergstrom）、比基耶里（Cristina Bicchieri）、胡特格（Simon Huttegger）、米勒（John Miller）、歐康諾（Cailin O'Connor）、佩吉（Scott Page）、西登菲爾德（Teddy Seidenfeld）、史蓋姆斯（Brian Skyrms）、史密德（Rory Smead）、史黛弗（Julia Staffel）與瓦格納（Elliott Wagner）。與他們討論，給凱文莫大的幫助。為了寫書，凱文厚著臉皮請朋友提供許多滑稽有趣的故事，多到書都放不下，凱文也要感謝他們的大力幫忙。

凱文的作家妹妹蘭德菲爾德（Kim Rendfeld）提供我們許多有益的寫作指引，以及一、兩個凱文的童年故事。在撰寫這本書前，凱文的文筆非常清新動人，就如你想像哲學家的文筆一般。保羅實用的建議與指導，讓凱文的文字多了幽默感與故事性，而這是他之前欠缺的。凱文要謝謝保羅的協助、高超的幽默感與耐心。

凱文的長期夥伴摩茲西克（Korryn Mozisek）在許多方面來說，也是本書的重要貢獻者。她除了提供自己的故事，也幫忙篩選數千個糟糕點子，還讀了多篇草稿。她不僅寬容也全力支持，她肩上擔子有多重，只有學者的妻子才能了解體會。凱文非常幸運，而且心存感激。

這本書的兩位早期貢獻者是斯皮爾斯（Jackie Spears）與佐曼（Dean Zollman），他們也是凱文的父母。凱文對他的童年毫無印象，只記得自己表現良好、心地善良。凱文的父母總樂意從忙碌行程裡抽出時間，來修正他的錯誤。你可能已經猜出，凱文讓父母吃了不少苦頭。但父母總能沉著應對，有時還不知不覺的用了一些賽局理論。從凱文小時候，父母就鼓勵他對任何事情發問，養成凱文強烈的好奇心。我們都虧欠父母的恩情，但凱文虧欠得尤其多。單單幾本書沒法表達他的由衷感激。

保羅要謝謝過去幾年來，持續幫助他的作家與編輯，讓他學會如何善用文字，以及如何報導、敘述故事。還要感謝他最棒的英文老師法瑞爾（James E. Farrell）神父，他在高中教導保羅文字精確與清晰的重要。法瑞爾提出關於《希臘骨甕頌》（Grecian Urn）與《奧斯曼狄斯》（*Ozymandias*。注：雪萊的詩作）的問題，保羅至今還是答不出來。

保羅在紐約作家團體「無形研究院」（Invisible Institute）的同儕，提供他大量的支持與鼓勵。寫書是一件困難的工程。如果作家沒有從出版商拿到預訂金，迫使他們一定要完成，許多書可能至今仍一字未寫。無形研究院知道這種感受，所以跟他們聊聊幫助很大，還要謝謝作家房間（Writers Room）的工作人員，保羅在這地方完成了大部分的工作。

保羅的五個孩子是他最有教學意願、也最堅持不懈的老師，可能是因為孩子覺得他還有許多需要學習之處。父母也是保羅最好的老師。他還記得媽媽從公共圖書館帶了一疊高高的書回家的場景，或許這也是保羅寫了好幾本書的原因。

保羅也要謝謝凱文，事實證明了凱文是個聰明能幹的老師，也是個謹慎、頭腦清楚的作者。加上他的幽默感，讓保羅和凱文注定成為朋友與合作夥伴。同時還要謝謝保羅的經紀人韋塞爾（Beth Vesel），她也是我們最大的書迷。

最重要的是，保羅要謝謝太太伊莉莎白，她不僅是他認識最聰明的編輯，也是他的朋友、支柱，與各方面的合作夥伴，其中包括育兒。藉由對賽局理論的研讀與撰寫，讓我們相信，自己是走在對的方向。

注釋

前言

1 Carol Vogel, "Rock, Paper, Payoff: Child's Play Wins Auction House an Art Sale," *The New York Times*, April 29, 2005, www.nytimes.com/2005/04/29/arts/design/29scis.html?_r=0.
2 https://en.wikipedia.org/wiki/Zhuge_Liang.
3 Ken Binmore, *Game Theory: A Very Short Introduction* (New York: Oxford University Press, 2007), 2.

第1章

1 The *Theogony* of Hesiod, trans. Hugh G. Evelyn- White (1914), www.sacred-texts.com/cla/hesiod/theogony.htm.
2 Genesis 13:10–11, www.kingjamesbibleonline.org/Genesis-Chapter-13/.
3 Steven J. Brams and Alan D. Taylor, *The Win-Win Solution: Guaranteeing Fair Shares to Everybody* (New York: W.W. Norton and Company, 1999), 53–54.
4 Hugo Steinhaus, "The Problem of Fair Division," Econometrica 16, no. 1 (1948): 101–104.
5 Brams and Taylor, 44.
6 Len Fisher, *Rock, Paper, Scissors: Game Theory in Everyday Life* (New York: Basic Books, 2008), 36.
7 Binmore, 2.
8 Fisher, 38.
9 Brams and Taylor, 61.
10 Fisher, 48.
11 Jack Robertson and William Webb, *Cake-Cutting Algorithms: Be Fair If You Can* (Natick, MA: A. K. Peters, 1998).
12 www.spliddit.org.

第2章

1 Alon Harel, Zvi Safra, and Uzi Segal, "Ex-Post Egalitarianism and Legal Justice," *Journal of Law, Economics, and Organization 21* (2005): 57–75, doi:10.1093/jleo/ewi003.

2 Cassius Dio, *Roman History*, trans. Earnest Cary (Cambridge: Harvard University Press, 1914–1927), Book LXXIV, Chapter 11, accessed August 13, 2015, http://penelope.uchicago.edu/Thayer/E/Roman/Texts/Cassius_Dio/74*.html.

3 Cassius Dio, chapter 17.

4 "Stockholms Auktionsverk— the World's Oldest Auction House," Stockholms Auktionsverk, accessed August 13, 2015, http://auktionsverket.com/about-us/about-stockholms-auktions verk/.

5 Mark Odell and Duncan Robinson, "Christie's Posts Record Profits as First-Half Revenues Hit £2.7bn," *Financial Times*, July 16, 2014, www.ft.com/intl/cms/s/0/f3c4d74e-0ccf-11e4-bf1e-00144feabdc0.html#axzz3iicplOGl.

6 William Vickrey, "Counterspeculation, Auctions, and Competitive Sealed Tenders," *Journal of Finance* 16, no. 1 (1961): 8–37.

7 David Lucking-Reiley, "Vickrey Auctions in Practice: From Nineteenth-Century Philately to Twenty-First-Century E- Commerce," *Journal of Economic Perspectives* 14, no. 3 (2000): 183–92, doi:10.1257/jep.14.3.183.

8 John H. Kagel and Dan Levin, "Auctions (Experiments)," from *The New Palgrave Dictionary of Economics*, 2nd ed., eds. Steven N. Durlauf and Lawrence E. Blume (Palgrave Macmillan, 2008), *The New Palgrave Dictionary of Economics Online*, accessed August 13, 2015, www.dictionaryofeconomics.com/article ? id=pde2008_A000241 & goto=auctions & result_number=157.

9 Paul Klemperer, *Auctions: Theory and Practice*, The Toulouse Lectures in Economics (Princeton: Princeton University Press, 2004).

10 William S. Walsh, *A Handy Book of Curious Information: Comprising Strange Happenings in the Life of Men and Animals, Odd Statistics, Extraordinary Phenomena and Out of the Way Facts Concerning the Wonderlands of the Earth* (Philadelphia: J. B. Lippincott Co., 1913): 63–64.

11 Mike Dash, *Tulipomania: The Story of the World's Most Coveted Flower and the Extraordinary Passions It Aroused* (New York: Crown, 2000).

12 "Location: Flower Auction—Aalsmeer," Regal Travel Service, accessed August 13, 2015, http://regaltravel.nl/places-of-interest/flower-auction-aalsmeer.

13 "Treasury Announces Intent to Sell Preferred Stock in Public Dutch Auction," U.S. Department of the Treasury Press Center, September 5, 2012, www.treasury.gov/press-center/press-releases/Pages/tg1697.aspx.

14 Telis Demos, "Exactly What Is a Dutch Auction?" *Deal Journal*, *Wall Street Journal* Blogs, July 21, 2012, http://blogs.wsj.com/deals/2012/06/21/exactly-what-is-a-dutch-auction/.

15 Ruggiero Cavallo, "Optimal Decision-Making with Minimal Waste: Strategyproof Redistribution of VCG Payments," *AAMAS '06: Proceedings of the Fift h International Joint Conference on Autonomous Agents and Multiagent Systems* (New York: ACM, 2006), 882–89, http://doi.acm.org/10.1145/1160633.1160790.

16 Efthymios Athanasiou, "A Solomonic Solution to the Problem of Assigning a Private Indivisible Good," *Games and Economic Behavior* 82 (2013): 369–87, doi:10.1016/j.geb .2013.07.007.

第3章

1 J. R. Benjamin, "Sidney Morgenbesser's Sense of Humor," *The Bully Pulpit*, October 10, 2013, http://jrbenjamin.com/2013/10/10/sidney-morgenbessers-sense-of-humor/.

2 Lisa A. Cameron, "Raising the Stakes in the Ultimatum Game: Experimental Evidence from Indonesia," *Economic Inquiry* 37, no. 1 (1999): 47.

3 Frans de Waal, *The Age of Empathy: Nature's Lessons for a Kinder Society* (New York: Crown, 2009), 185.

4 Dan Vergano, "Ancient Human-Chimp Link Pushed Back Millions of Years," *National Geographic* News, June 12, 2014, http://news.nationalgeographic.com/news/2014/06/140612-chimp-father-evolution-human-science/.

5 de Waal, 187.

6 Jonathan Haidt, "The Emotional Dog and Its Rational Tail: A Social Intuitionist Approach To Moral Judgment," *Psychological Review* 108, No. 4 (2001): 814.

7 Alison Gopnik, "How Babies Think," *Scientific American*, July 2010, 76–81, www.alisongopnik.com/papers_alison/sciam-gopnik.pdf.

8 Mark Sheskin et al., "Anti-Equality: Social Comparison in Young Children," *Cognition* 130, no. 2 (2014): 153, www.ncbi.nlm.nih.gov/pmc/articles/PMC3880565/.

9 Sheskin et al.

10 Peter R. Blake and Katherine McAuliffe, "I Had So Much It Didn't Seem Fair," *Cognition* 120, no. 2 (2011): 215–24.

11 Judith Mehta, Chris Starmer, and Robert Sugden, "An Experimental Investigation of Focal Points in Coordination and Bargaining: Some Preliminary Results," in *Decision Making Under Risk and Uncertainty: New Models and Empirical Findings*, ed. John Geweke (Dordrecht, Netherlands: Springer Science+Business Media, 1992), 211–19.

12 Linda Babcock and George Loewenstein, "Explaining Bargaining Impasse: The Role of Self-Serving Biases,"

Journal of Economic Perspectives 11, no. 1 (1997): 109–26, doi:10.1257/ jep.11.1.109.

13 de Waal, 187.

第4章

1 Reinhard Selten, "Spieltheoretische Behandlung eines Oligopolmodells mit Nachfrageträgheit: Teil I: Bestimmung des Dynamischen Preisgleichgewichts," *Zeitschrift für die Gesamte Staatswissenschaft* 121 (1965), 301–24.

2 Reinhard Selten, "The Chain Store Paradox," *Theory and Decision* 9, no. 2 (1978): 127–59.

3 Philip J. Reny, "Rationality in Extensive- Form Games," *The Journal of Economic Perspectives* 6, no. 4 (1992): 103–18.

4 Steven Metz, *Eisenhower as Strategist: The Coherent Use of Military Power in War and Peace* (Carlisle, PA: Strategic Studies Institute, 1993), www.strategicstudiesinstitute.army.mil/pubs/summary.cfm?q=359.

5 Herman Kahn, *On Thermonuclear War* (Princeton, NJ: Princeton University Press, 1960).

6 Sharon Ghamari-Tabrizi, *The Worlds of Herman Kahn: The Intuitive Science of Thermonuclear War* (Cambridge, MA: Harvard University Press, 2005).

7 "Xiang Yu," *Wikipedia*, accessed August 13, 2015, https://en.wikipedia.org/wiki/Xiang_Yu.

8 "Tariq ibn Ziyad," *Wikipedia*, accessed August 13, 2015, https://en.wikipedia.org/wiki/Tariq_ibn_Ziyad.

9 Thomas Hobbes, *Leviathan: With Selected Variants from the Latin Edition of 1668*, ed. Edwin Curley, Hackett Classics (Indianapolis, IN: Hackett Publishing Company, 1994 [fi rst published 1651]).

10 George J. Mailath and Larry Samuelson, *Repeated Games and Reputations: Long-Run Relationships* (New York: Oxford University Press, 2006), chapter 17.

11 Amos Tversky and Daniel Kahneman, "The Framing of Decisions and the Psychology of Choice," *Science* 211 (1981): 435–58.

12 Tversky and Kahneman, 435.

13 Joshua A. Weller, Irwin P. Levin, and Natalie L. Denburg, "Trajectory of Risky Decision Making for Potential Gains and Losses from Ages 5 to 85," *Journal of Behavioral Decision Making* 24, no. 4 (2011): 331–44, doi:10.1002/bdm.690.

第5章

1 John Maynard Smith and George R. Price, "The Logic of Animal Confl ict," *Nature* 246 (1973): 15–18.

2 Thomas Eisner, *For Love of Insects* (Cambridge, MA: The Belknap Press, 2003), 141ff .

3 Robert L. Trivers, "Parent-Off spring Confi ct," *American Zoologist* 14, no. 1 (1974): 249–64.

4 Stephen T. Emlen and Peter H. Wrege, "Parent- Off spring Conflict and the Recruitment of Helpers among Bee-eaters," *Nature* 356 (1992): 331–33.

5 Caroline E. G. Tutin, "Responses of Chimpanzees to Copulation, with Special Reference to Interference by Immature Individuals," *Animal Behaviour* 27, Part 3 (1979): 845–54.

6 William A. Searcy and Stephen Nowicki, *The Evolution of Animal Communication: Reliability and Deception in Signaling Systems* (Princeton, NJ: Princeton University Press, 2005), 50–51.

7 John Maynard Smith and David Harper, *Animal Signals* (New York: Oxford University Press, 2003).

8 Susan E. Riechert, "Games Spiders Play III: Cues Underlying Context-Associated Changes in Agonistic Behavior," *Animal Behaviour* 32 (1984): 1–15.

9 Anders Pape Møller, "Social Control of Deception Among Status Signalling House Sparrows *Passer domesticus*," *Behavioral Ecology and Sociobiology* 20, no. 5 (1987): 307–11, doi:10.1007/ BF00300675; Searcy and Nowicki.

10 Joseph Jacob, adapter, *The Fables of Æsop: Selected, Told Anew, and Their History Traced* (London: Mac-Millan and Co., 1922 [first published 1894]), 102–103.

11 Mailath and Samuelson.

12 R. E. Ricklefs, "The Roles of Parent and Chick in Determining Feeding Rates in Leach's Storm-Petrel," *Animal Behaviour* 43, no. 6 (1992): 895–906, doi:10.1016/S0003-3472(06)80003-5.

13 Mike Dixon-Kennedy, *Encyclopedia of Greco-Roman Mythology* (Santa Barbara, CA: ABC-CLIO, 1998).

14 Amotz Zahavi and Avishag Zahavi, *The Handicap Principle: A Missing Piece of Darwin's Puzzle* (New York: Oxford University Press, 1997).

15 Alan Grafen, "Biological Signals as Handicaps," Journal of *Theoretical Biology* 144 (1990): 517–46.

16 Kevin J. S. Zollman, "Finding Alternatives to Handicap Theory," *Biological Theory* 8 (2013), 127–32, doi:10.1007/s13752-013-0107-1.

17 Aldert Vrij, Pär Anders Granhag, Samantha Mann, and Sharon Leal, "Outsmarting the Liars: Toward a Cognitive Lie Detection Approach," *Current Directions in Psychological Science* 20, no. 1 (2011): 28–32, doi:10.1177/0963721410391245.

18 Robert B. Payne, *The Cuckoos*, Bird Families of the World, Book 15 (New York: Oxford University Press, 2005).

第6章

1 de Waal, 171.

2 "Facts About This Colony," Florida Museum of Natural History, www.flmnh.ufl.edu/bats/facts-about-colony/.

3 Robert Wright, *The Moral Animal: Why We Are the Way We Are: The New Science of Evolutionary Psychology* (New York: Pantheon 1994), 203.

4 Martin A. Nowak and Karl Sigmund, "Evolution of Indirect Reciprocity by Image Scoring," *Nature* 393 (1998): 573–77, www.nature.com/nature/journal/v393/n6685/full/393573a0.html.

5 Kristina R. Olson and Elizabeth S. Spelke, "Foundations of Cooperation in Young Children," *Cognition* 108 (2008): 222–31, https://depts.washington.edu/uwkids/olson.spelke.2008.pdf.

6 Robert Axelrod, *The Evolution of Cooperation*, revised edition (New York: Basic Books, 1984), vii.

7 Axelrod, 3.

8 Axelrod, viii.

9 Jennifer Breheny Wallace, "Game Theory Secrets for Parents," *The Wall Street Journal*, July 10, 2014, www.wsj.com/articles/game-theory-secrets-for-parents-1405005848.

10 Axelrod, 21.

11 Axelrod, 74.

12 P. G. Wode house, *Just Enough Jeeves: Right Ho, Jeeves; Joy in the Morning; Very Good, Jeeves* (New York, W. W. Norton, 2010), 710, as quoted in Fisher, 181–82.

13 Jianzhong Wu and Robert Axelrod, "How to Cope with Noise in the Iterated Prisoner's Dilemma," *The Journal of Confl ict Resolution* 39, no. 1(1995): 183–89.

14 Rory Smead and Patrick Forber, "The Evolutionary Dynamics of Spite in Finite Populations," *Evolution: International Journal of Organic Evolution* 67, no. 3 (2013): 698–707, doi:10.1111/j.1558-5646.2012.01831.x.

15 Katherine McAuliffe, Peter R. Blake, and Felix Warneken, "Children Reject Inequity out of Spite," *Biology Letters* 10, no. 12 (S014): 20140743, http://dx.doi.org/10.1098/rsbl.2014.0743.

第7章

1 Jean-Jacques Laffont and David Martimort, *The Theory of Incentives: The Principal-Agent Model* (Princeton, NJ: Princeton University Press, 2002).

2 Binmore, 105–106.

3 Avinash Dixit, Susan Skeath, and David H. Reiley, Jr., *Games of Strategy*, 4th ed. (New York: W. W. Norton and Company, 2014), 281.

4 Sarah Blaff er Hrdy, *Mothers and Others: The Evolutionary Origins of Mutual Understanding* (Cambridge, MA: The Belknap Press, 2009), 146.

5 Finn E. Kydland and Edward C. Prescott, "Rules Rather than Discretion: The Inconsistency of Optimal Plans," *The Journal of Political Economy* 85, No. 3 (1977): 473–92.

第8章

1 Lloyd Duhaime, "2550 BC—The Treaty of Mesilim," Duhaime's Timetable of World Legal History, last updated May 5, 2012, www.duhaime.org/LawMuseum/LawArticle-1313/2550-BC--The-Treaty-of-Mesilim.aspx.

2 "Origins of Organized Crime," Crime Museum, accessed August 13, 2015, www.crimemuseum.org/crime-library/origins-of-organized-crime.

3 Peter J. Richerson and Robert Boyd, *Not by Genes Alone: How Culture Transformed Human Evolution* (Chicago: University of Chicago Press, 2005).

4 Antoine Augustin Cournot, *Recherches sur les Principes Mathématiques de la Théorie des Richesses* (Paris: Chez L. Hachette, 1838).

5 John von Neumann and Oskar Morgenstern, *Theory of Games and Economic Behavior* (Princeton, NJ: Princeton University Press, 1944; sixtieth- anniversary ed., 2004).

6 John F. Nash, "Equilibrium Points in N- Person Games," *Proceedings of the National Academy of Science* 36, no. 1 (1950): 48–49.

7 Bart Kosko, "How Many Blonds Mess Up a Nash Equilibrium?" *Los Angeles Times*, February 13, 2002, http://articles.latimes.com/2002/feb/13/opinion/oe-kosko13.

8 David Hume, *A Treatise of Human Nature: Being an Attempt to Introduce the Experimental Method of Reasoning into Moral Subjects* (London: John Noon, 1739), Book 3.

9 Adam Smith, *An Inquiry into the Nature and Causes of the Wealth of Nations* (London: W. Strahan and T. Caddell, 1776).

10 "The Death of David Hume: Letter from Adam Smith, LL.D. to William Strachan, Esq.," accessed August 13, 2015. www.ourcivilisation.com/smartboard/shop/smitha/humedead.htm.

11 Brian Skyrms, *Evolution of the Social Contract* (Cambridge, UK: Cambridge University Press, 1996).

12 Shane Frederick, George Loewenstein, and Ted O'Donoghue, "Time Discounting and Time Preference: A Critical Review," *Journal of Economic Literature* 40, no. 2 (2002): 351–401, doi:10.1257/002205102320161311.

13 John Rae, *Statement of Some New Principles on the Subject of Political Economy, Exposing the Fallacies of the System of Free Trade, and of Some Other Doctrines Maintained in the "Wealth of Nations"* (Boston: Hilliard, Gray, & Co., 1834).

14 R. Warren James, "Rae, John (1796–1872)," in *Dictionary of Canadian Biography*, vol. 10 (University of

Toronto/Université Laval, 2003), accessed August 13, 2015, www.biographi.ca/en/bio/rae_john_1796_1872_10E.html.

15 Walter Mischel and Ebbe B. Ebbesen, "Attention in Delay of Gratifi cation," *Journal of Personality and Social Psychology* 16, no. 2 (1970): 329–37, doi:10.1037/h0029815.

16 Walter Mischel, Yuichi Shoda, and Monica L. Rodriguez, "Delay of Gratification in Children," *Science* 244 (1989), 933–38, doi:10.1126/science.2658056.

17 Leonard Green, Joel Myerson, and Pawel Ostaszewski, "Discounting of Delayed Rewards across the Life Span: Age Differences in Individual Discounting Functions," *Behavioural Pro cesses* 46 (1999), 89–96, doi:10.1016/S0376-6357(99)00021-2.

18 Celeste Kidd, Holly Palmeri, and Richard N. Aslin, "Rational Snacking: Young Children's Decision-Making on the Marshmallow Task is Moderated by Beliefs about Environmental Reliability," *Cognition* 126 (2013), 109–14, doi:10.1016/j.cognition.2012.08.004.

19 Ken Binmore, *Rational Decisions* (Princeton, NJ: Princeton University Press, 2009), 8.

第9章

1 Kenneth O. May, "A Set of Indepen dent Necessary and Sufficient Conditions for Simple Majority Decision," *Econometrica* 20, no. 4 (1952), 680–84, doi:10.2307/1907651.

2 Alfred North Whitehead and Bertrand Russell, *Principia Mathematica* Volume I, fi rst edition (Cambridge: Cambridge University Press, 1910), 379.

3 George Tsebelis, *Veto Players: How Political Institutions Work* (Princeton, NJ: Princeton University Press, 2002).

4 David Williams, *Condorcet and Modernity* (New York: Cambridge University Press, 2004), 42–43.

5 James Stodder, "Strategic Voting and Coali tions: Condorcet's Paradox and Ben-Gurion's Tri-lemma," *International Review of Economics Education* 4, no. 2 (2005): 58–72, doi:10.1016/S1477 -3880(15)30131-6.

6 Kenneth J. Arrow, *Social Choice and Individual Values* (New York: John Wiley and Sons, 1951; repr. New Haven, CT: Yale University Press, 1970).

7 Duncan Black, *The Theory of Committees and Elections* (New York: Cambridge University Press, 1958; repr. Kluwer Academic Publishers, 1987).

8 Donald G. Saari, "The Symmetry and Complexity of Elections," accessed August 13, 2015, www.colorado.edu/education/DMP/voting_b.html.

9 "United States Presidental Election, 2000," Wikipedia, accessed August 13, 2015, https://en.wikipedia.org/wiki/United_States_presidential_election,_2000.

10 Quoted in Aki Lehtinen, "The Borda Rule is Also Intended for Dishonest Men," *Public Choice* 133 (2007): 73–90, doi:10.1007/s11127-007-9178-5.

11 Allan Gibbard, "Manipulation of Voting Schemes: A General Result," *Econometrica* 41, no. 4 (1973): 587–601, doi:10.2307/1914083; and Mark Allen Satterthwaite, "Strategy-Proofness and Arrow's Conditions: Existence and Correspondence Theorems for Voting Procedures and Social Welfare Functions," *Journal of Economic Theory* 10, no. 2 (1975): 187–217, doi:10.1016/0022-0531 (75)90050-2.

12 Allan Gibbard, "Manipulation of Schemes that Mix Voting with Chance," *Econometrica* 45, no. 3 (1977): 665–81.

結語

1 Adam Smith, *The Theory of Moral Sentiments* (London and Edinburgh: A. Millar, A. Kincaid, and J. Bell, 1759), quoted in Joan B. Silk and Bailey R. House, "Evolutionary Foundations of Human Prosocial Sentiments," *PNAS* 108, suppl. 2 (2011): 10910–17, doi:10.1073/pnas.1100305108/- /DCSupplemental.

2 Amanda Foreman, "Why Footbinding Persisted in China for a Millennium," *Smithsonian* magazine, February 2015, www.smithsonianmag.com/history/why-footbinding-persisted-china-millennium-180953971/?no-ist=&page=1.

3 Cristina Bicchieri, *The Grammar of Society: The Nature and Dynamics of Social Norms* (New York: Cambridge University Press, 2006), ix.

4 Bicchieri, 214.

5 Bicchieri, 234.

6 Ilaria Castelli, Davide Massaro, Cristina Bicchieri, Alex Chavez, and Antonella Marchetti, "Fairness Norms and Theory of Mind in an Ultimatum Game: Judgments, Offers, and Decisions in School-Aged Children," PLoS ONE 9, no. 8 (2104): e105024, http://journals.plos.org/plosone/article?id=10.1371/journal.pone.0105024.

7 Bailey R. House, Joan B. Silk, Joseph Henrich, H. Clark Barrett, Brooke A. Scelza, et. al., "Ontogeny of Prosocial Behavior across Diverse Societies, *PNAS* 110 (2013): 14586–91.

教育教養 BEP034A

賽局教養法
讓孩子學會雙贏
The Game Theorist's Guide to Parenting

國家圖書館出版品預行編目(CIP)資料

賽局教養法 / 雷伯恩(Paul Raeburn), 佐曼(Kevin Zollman)著 ; 王怡棻譯. -- 第一版. --
臺北市 : 遠見天下文化, 2017.03
面； 公分. -- (教育教養 ; BEP034)
譯自 : The Game Theorist's Guide to Parenting : How the Science of Strategic Thinking Can Help You Deal With the Toughest Negotiators You Know–Your Kids
ISBN 978-986-479-155-2(平裝)

1.親職教育 2.親子溝通

528.2　　106000309

作者 — 雷伯恩（Paul Raeburn）、佐曼（Kevin Zollman）
譯者 — 王怡棻

總編輯 — 吳佩穎
責任編輯 — 張奕芬
特約校對 — 魏秋綢
封面設計 — 張議文
內頁設計 — 連紫吟、曹任華

出版者 — 遠見天下文化出版股份有限公司
創辦人 — 高希均、王力行
遠見・天下文化・事業群 董事長 — 高希均
事業群發行人／CEO — 王力行
天下文化社長 — 林天來
天下文化總經理 — 林芳燕
國際事務開發部兼版權中心總監 — 潘欣
法律顧問 — 理律法律事務所陳長文律師
著作權顧問 — 魏啟翔律師
地址 — 台北市 104 松江路 93 巷 1 號 2 樓

讀者服務專線 — 02-2662-0012 ｜ 傳真 — 02-2662-0007, 02-2662-0009
電子郵件信箱 — cwpc@cwgv.com.tw
直接郵撥帳號 — 1326703-6 號　遠見天下文化出版股份有限公司

製版廠 — 東豪印刷事業有限公司
印刷廠 — 祥峰印刷事業有限公司
裝訂廠 — 中原造像股份有限公司
登記證 — 局版台業字第 2517 號
總經銷 — 大和書報圖書股份有限公司　電話／ (02)8990-2588
出版日期 — 2020 年 7 月 24 日第二版第 2 次印行

定價 — NT 350 元
4713510946732
書號 — BEP034A
天下文化官網 — bookzone.cwgv.com.tw